상큼하고 단단한 과일 한가득!

HOMEMADE FRUIT SANDWICH

홈메이드 과일 샌드위치

저자 나가타 유이 | 역자 황국영

YoungJin.com Y.
영진닷컴

KAJITSU TO PAN NO KUMITATEKATA © YUI NAGATA 2020 Originally published in
Japan in 2020 by Seibundo Shinkosha Publishing Co., Ltd., TOKYO. Korean translation
rights arranged with Seibundo Shinkosha Publishing Co., Ltd., TOKYO, through TOHAN
CORPORATION, TOKYO, and Shinwon Agency Co., SEOUL.

ISBN : 978-89-314-6343-9

독자님의 의견을 받습니다.
이 책을 구입한 독자님은 영진닷컴의 가장 중요한 비평가이자 조언가입니다. 저희 책의 장점과 문제
점이 무엇인지, 어떤 책이 출판되기를 바라는지, 책을 더욱 알차게 꾸밀 수 있는 아이디어가 있으면
팩스나 이메일, 또는 우편으로 연락주시기 바랍니다. 의견을 주실 때에는 책 제목 및 독자님의 성함
과 연락처(전화번호나 이메일)를 꼭 남겨 주시기 바랍니다. 독자님의 의견에 대해 바로 답변을 드리
고, 또 독자님의 의견을 다음 책에 충분히 반영하도록 늘 노력하겠습니다.

이메일 : support@youngjin.com
주 소 : (우)08507 서울시 금천구 가산디지털1로 128 STX-V타워 4층 401호

파본이나 잘못된 도서는 구입하신 곳에서 교환해 드립니다.

STAFF
저자 나가타 유이 | 번역 황국영 | 총괄 김태경 | 진행 최윤정 | 디자인 및 편집 이주은
영업 박준용, 임용수, 김도현 | 마케팅 이승희, 김근주, 조민영, 이은정, 김예진, 채승희, 김민지
제작 황장협 | 인쇄 제이엠

HOMEMADE
FRUIT
SANDWICH

홈메이드 과일 샌드위치

다양한 샌드위치를 만들어 왔지만 어울리는 재료를 조합했을 때, 예쁘게 잘랐을 때, 그리고 누군가가 맛있게 먹어 줬을 때, 가장 즐겁고 널리 웃음이 퍼지는 것이 바로 '과일 샌드위치'입니다.

일본의 독자적인 샌드위치인 '과일 샌드위치(일명 후르츠 산도)'는 오랫동안 일본인들의 사랑을 받아 왔죠. 입에서 녹는 촉촉하고 부드러운 빵을 기본으로 하는 이 샌드위치는 일본의 식빵이 있었기에 훌륭한 맛으로 탄생할 수 있었습니다.

빵과 크림 그리고 제철 과일의 심플한 조합인 만큼 얼마나 균형을 잘 맞추고 정성스럽게 조합하느냐에 따라 그 풍미가 확연히 달라집니다.

과일의 개성이 한눈에 들어올 수 있도록 완성됐을 때의 비주얼에도 많은 신경을 써야 합니다. 먼저, 레시피대로 크림의 양을 조절하고 사진을 참고해 과일을 배열해 보세요. 완성했을 때의 감동이 더욱더 커질 거예요.

이 책에서는 신선한 과일뿐 아니라 잼과 콩포트를 만드는 법, 건과일 및 넛츠를 활용하는 법, 다른 요리나 치즈에 곁들이는 법 등을 소개하며 '과일과 빵'의 최상의 조합을 찾아 나갑니다.

'과일과 빵'을 좋아하는 모든 분께 전합니다. 제철의 미각을 만끽하며 여러분만의 특별한 샌드위치를 만들어 보세요.

나가타 유이

4

신선한 것은 몸에 좋고, 맛있는 것은 마음에 좋죠. 여기에 조화로운 색감과 즐거운 식감까지 더해지면 그야말로 '고마운 한 접시'가 됩니다. 바쁜 일과 중 베어 먹은 간식 한 조각이 남은 하루의 에너지를 만들어 내기도 하고, 느긋한 오전의 싱그러운 브런치가 주말의 표정을 바꾸기도 하니까요. 〈홈메이드 과일 샌드위치〉에는 좋아하는 과일을 듬뿍 넣어 스스로에게 고마운 한 접시를 선물하는 다양한 방법이 담겨 있습니다.

이 책은 그동안 우리가 무심히 접하고 단순하게 즐겼던 과일의 모양과 성격, 어울림을 하나하나 들여다보고 최적의 빵과 조리법을 정성스레 골라 '가장 근사한 조합'을 제안합니다.

제철 과일을 씻고 다듬어 알맞은 빵과 함께 예쁘게 담아내고, 한 철인 열매들을 잼이나 콩포트로 만들어 든든하게 보관하며 가끔은 특별한 파티 음식과 사이드 디시를 요리합니다.

유명한 카페나 샌드위치 전문점에 찾아가 한 번 맛보는 것으로 만족해 왔던 '눈과 입이 행복해지는 메뉴'들을 나의 아담한 식탁 위에 재현해 낼 수 있도록 이 달콤상콤한 레시피 북이 여러분을 도와드릴 거예요. 어쩌면 나와 우리를 위해 손수 만든다는 성의와 궁리가 더해져 그 이상의 경험을 하게 될지도 모르죠.

샌드위치와 빵이 있는 식탁을 꾸준히 연구하고 소개해 온 전문 푸드 코디네이터의 친절한 안내에 따라, 가끔은 나와 우리를 위한 작은 정성을 들여 보세요.

황국영

Contents

Contents

03 빵에 과일을 올리고, 바른다

일러두기
- 샌드위치의 이름은 일반적으로 널리 통용되는 명칭을 사용했습니다.
- 큰술은 15㎖, 작은술은 5㎖를 기준으로 합니다.
- E.V.올리브오일은 엑스트라 버진 올리브오일을 뜻합니다.

01

빵과 함께 즐기는
기본 과일

과일의 **종류**

'과실'이란 다년초나 나무의 식용 열매를 가리키며, 딸기나 멜론 같은 1년초 과일은 채소로 구분해 '열매채소' 혹은 '과채'라고 부르기도 합니다. 이 책에서는 넛츠류를 제외한 '과실' 및 '과채'를 모두 과일로 칭하겠습니다.

★ 해당 내용은 일본 품종을 기준으로 쓰였으나, 실제 샌드위치를 만들 때는 쉽게 구할 수 있는
　 대체 가능한 딸기를 쓰면 된다.

아마오우

'빨갛고, 둥글고, 크고, 맛있다'라는 뜻의 일본어 '아카이(あ
かい), 마루이(まるい), 오키이(おおきい), 우마이(うまい)'의
앞 글자를 따서 지어진 이름으로 후쿠오카현의 오리지널 품
종이다. 씨알이 굵고 달며, 과육 안쪽까지 빨간색이 선명해
샌드위치를 만들었을 때 단면의 임팩트가 강렬하다.

베니홋페

'붉은 뺨'이라는 뜻으로, 기가 막히게 맛있을 때 '뺨이 떨어
진다'고 말하는 일본식 표현에서 유래한 품종명이다. 씨알이
크며 깊은 단맛과 뚜렷한 새콤함, 감칠맛이 느껴진다. 향이
진하고 과육이 단단한 편이라 보존에 용이하며 샌드위치 재
료로 적합하다. 산미가 있어 잼으로 만들어도 균형 잡힌 맛
이 난다. 시즈오카현의 품종이다.

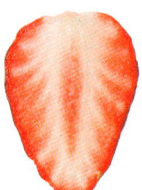

도치오토메

도치기현에서 생산되는 딸기의 90%를 차지하는 도치기현
오리지널 품종이다. 도치기현은 일본 딸기 생산량 1위 지역
으로 유통량도 많다. 강한 단맛과 절제된 신맛이 특징이며
비교적 오래 보존할 수 있다. 딸기가 가진 여성스러우면서도
친근한 이미지를 살리기 위해 도치기현에서 따온 '도치'에,
소녀를 뜻하는 '오토메'를 붙여 이름 지었다.

스카이베리

'도치오토메'의 후속 품종으로 개발되어 인기를 얻고 있는
고급 품종이다. 일반 딸기의 3~4배 크기로, 향이 진하고 단
맛과 신맛의 밸런스가 좋다.

사가호노카

이름에서 알 수 있듯, 사가현에서 탄생했다. 씨알이 굵은 품
종으로 겉은 선명한 붉은색이지만 과육과 심 부분은 하얗다.
당도가 높고, 산미는 적다. 과육이 단단한 편이라 보존에 용
이하다.

미국산 딸기

비교적 산미가 강하고 과육이 단단하다. 현재 국내에는 대부
분 가공용 냉동 딸기 및 기타 조제용 딸기를 수입하며 신선
딸기의 수입은 미비하다(신선의 경우 연간 천불 내외 수입).
(출처: 딸기 국내생산 및 해외시장 동향 / aT 농산수출부)

라즈베리

선명한 붉은색과 산뜻한 향기. 새콤달콤한 맛이 특징이다. 나무딸기의 한 종류로, 작은 알갱이들이 모여 하나의 열매를 이룬다. 라즈베리는 영어 명칭이며 프랑스어로는 '프랑브아즈'라고 부르기도 한다. 뭉그러지기 쉬워 조심히 다뤄야 한다.

블루베리

단맛과 신맛의 밸런스가 좋으며 크기가 작아 먹기 편하다. 국내에서도 재배량이 늘고 있어 여름철에는 국내산도 쉽게 구할 수 있다. 샌드위치용으로는 큰 열매를 쓰는 것이 좋다.

천중도 백도

나가노현에서 탄생한 품종이다. 단맛이 강하고 알이 굵으며, 다소 단단한 편이다. 과육은 하얗지만 씨 주변은 붉다. 샌드위치를 만들 때는 과육의 하얀색과 중심부의 붉은색을 잘 배합해 특유의 색감을 활용해 보자.

황도

과육은 진한 노란빛으로, 선명한 달콤함이 짙은 맛을 풍긴다. 육질이 탄탄해 콩포트 재료로 좋다. 저렴한 가격의 통조림도 쉽게 구할 수 있어 사용하기 편하다.

솔담 자두(수박 자두)

미국산 중생종으로, 초록빛이 도는 껍질속 선명한 다홍색이 인상적이다. 달콤하고 과즙이 풍부하다. 자두는 수분이 많기 때문에 잼으로 가공해 샌드위치나 타르틴에 사용하는 것이 좋다.

태양 자두

야마나시현에서 발견된 만생종. 알이 크고 단맛이 뚜렷하다. 껍질은 보랏빛이 감도는 선명한 색이며 열매는 우윳빛이다. 튼실한 열매는 구워 먹어도 맛있다. 고기나 샐러드에 곁들이거나 빵에 올려 토스트를 만들어도 좋다.

추희 자두

야마나시현에서 발견된 만생종으로 알이 크며 은은한 산미와 산뜻한 단맛이 잘 어우러진다. 껍질은 붉은 보랏빛이며 열매는 노랗다. 자두는 품종에 따라 재배 시기가 조금씩 다르기 때문에 초여름부터 가을까지 오랫동안 다양한 품종을 즐길 수 있다.

프룬(서양자두)

유럽 자두의 한 종류. 국내에서는 소수 농가에서 프룬을 재배하고 있으나 대부분 드라이 프룬의 형태로 수입하고 있다. 새콤달콤하고 과즙이 풍부하며, 껍질째 먹을 수 있다. 잼으로 만들어도 맛있다.

살구

국내에서도 오래전부터 재배해 왔으며 씨앗은 약으로도 쓰이나, 제철이 짧아 생살구의 유통량은 한정되어 있다. 가공하기 좋은 과일로, 잼이나 콩포트로 만들면 단맛과 신맛이 잘 어우러진다.

과일의 **종류**

승정도후인 무화과

국내에서 가장 쉽게 볼 수 있는 품종으로, 8월 하순부터 10월 하순까지 수확하는 수확량이 많은 품종이다. 풋풋하고 담백한 단맛이 특징이다. 수용성 식이섬유인 펙틴이 풍부해 잼 만들기에 적합하다.

블랙미션 무화과

캘리포니아산 흑무화과. 씨알이 작고 비교적 과육이 단단한 편이라 보존에 용이하다. 국내에서는 거의 건조 형태의 무화과로 유통되고 있다. 쫀득한 식감과 산뜻한 달콤함이 특징이며 말려 먹거나 콩포트, 잼으로 가공해도 좋다.

청무화과

크기가 작고 껍질이 연둣빛인 청무화과는 익어도 껍질 색에 큰 변화가 없지만, 과육은 흑무화과와 마찬가지로 붉어진다.

샤인머스캣

알갱이가 굵고, 단맛이 강하며, 머스캣 향이 풍부한 것이 특징이다. 껍질이 얇아 껍질째 먹을 수 있다는 점에서 인기를 얻어 생산량도 증가하고 있다. 선명한 초록빛이 아름다워 과일 샌드위치의 식자재로도 인기를 끌고 있다.

세토자이언츠

오카야마에서 탄생한 품종으로, 동그랗고 유니크한 알갱이의 모양이 복숭아와 닮았다 하여 '모모타로※ 포도'라고도 불린다. 알이 크고 당도가 높으며 과즙이 풍부하다. 껍질이 얇아 껍질째 먹을 수 있다. 씹을 때 느껴지는 사각사각함이 싱그럽다.

델라웨어

단맛이 강하고 알이 작으며, 씨가 없어 먹기 편하다. 최근에는 알이 큰 포도들에 밀려 생산량이 다소 감소하고 있으나 국내에서는 4번째로 많이 재배되는 품종이다. 알이 작아 홈메이드 건포도의 재료로 적합하다.

나가노퍼플

나가노현의 오리지널 품종으로, 알갱이가 굵고 단맛이 강하며 껍질이 얇다. 식감이 아삭하고 떫은맛이 없어 껍질째 먹어도 매력적이다.

시엔

알갱이가 굵고 당도가 높으며 과즙이 풍부하다. 씨가 없어 먹기 편하다. 포도 대부분의 제철이 끝나는 10월~12월에 출고되기 때문에 '겨울 포도'라고도 불린다.

수입 포도

최근에는 수입 포도의 유통량이 늘어 일년 내내 먹을 수 있게 되었다. 왼쪽부터 스위트 사파이어, 톰슨, 레드글로브, 모두 껍질째 먹을 수 있다는 것이 장점이다.

※ 모모타로는 일본의 옛날이야기에 등장하는 인물의 이름으로 '복숭아 동자'라는 뜻이다 옮긴이 주

온주밀감

국내에서 가장 많이 접할 수 있는 감귤이다. 손으로 까먹기 편해 해외에서도 인기를 얻고 있다. 단맛이 강하며 과즙이 풍부하다. 씨가 없고 껍질이 얇아 샌드위치 재료로 쓰기 편하다.

아마나스(감하귤)

하귤의 일종으로, 일반적인 하귤보다 단맛이 강하고 산미가 적어 먹기 좋다. 은근한 쌉쌀함과 깔끔한 뒷맛이 매력적이다. 이 책에서는 시럽에 절인 통조림을 사용한다.

스이쇼분탄

큰 사이즈의 감귤로 껍질이 두껍다. 산뜻하고 고급스러운 단맛이 나며 알갱이가 살아있어 식감이 좋다. 두꺼운 껍질은 설탕 조림이나 마멀레이드로 즐길 수 있다. 국내에서는 구할 수 없는 과일이므로, 자몽으로 대체해서 사용한다.

발렌시아 오렌지

전 세계적으로 인기 있는 스위트오렌지의 대표 품종. 과즙이 풍부하며 적당한 산미와 깔끔한 단맛을 느낄 수 있다. 과육뿐 아니라 껍질도 가공해 활용할 수 있다.

레몬

강한 산미와 상큼한 향기가 특징이다. 전 세계적으로 다양한 요리와 디저트에 활용되는 재료이다. 국내에서는 수입 레몬이 주를 이루지만 제주와 태안 등에서도 국산 레몬을 재배하고 있다.

라임

국내에서는 미국산과 멕시코산이 주로 유통된다. 껍질이 얇고 녹색을 띠며, 레몬과 마찬가지로 선명한 산미와 쌉쌀함이 있어 독특한 향기를 풍긴다. 껍질의 향도 좋아 잘게 갈아 쓸 수 있다.

키위

원산지는 중국이지만 뉴질랜드에서 품종 개량되어 전 세계에 퍼졌다. 국내에서는 수입품과 국산이 고루 유통되고 있다. 선명한 녹색 과육의 맛이 좋고 단맛과 신맛이 조화롭다.

홍수봉 체리(베니슈호)

일본산 체리를 대표하는 '좌등금(사토니시키)'을 부모로 둔 만생종이다. 좌등금보다 씨알이 굵고 당도가 높아 샌드위치 재료로 써도 존재감이 돋보인다. 과육이 단단해 보존이 용이한 편이다.

아메리칸 체리

비교적 크기가 크고, 단맛과 향이 강해 풍부한 맛이 느껴진다. 껍질은 검붉으며 속까지 빨갛다. 과육이 탄탄해 식감이 아삭하며, 콩포트로 만들기 좋다.

과일의 **종류**

홍옥

사과는 인류가 가장 오래전부터 먹기 시작한 과일로 알려져 있으며 그만큼 전 세계적으로 다양한 품종이 존재한다. 홍옥은 산미가 강하고 과육이 탄탄해 가공하기 좋다. 제과용으로 인기가 높다.

조나골드

골든 딜리셔스와 홍옥을 교배한 것으로 단맛과 신맛의 밸런스가 훌륭하다. 진한 붉은빛의 껍질이 아름다워 샌드위치에 사용하기 좋다. 과육이 단단한 편이라 가열에도 적합하다.

시나노 골드

노란 사과를 대표하는 품종. 골든 딜리셔스와 천추의 교배종으로 나가노에서 육성된 중생종이다. 당도가 높으며 적당한 산미와 풋풋한 향, 사각사각한 식감이 특징이다.

배

국내에서 재배되는 배 중에서는 '신고'가 가장 높은 비중을 차지하고 있다. 과즙이 가득하고 단맛이 강하며 육질이 부드러워 산뜻하게 즐길 수 있다.

라 프랑스(서양 배)

프랑스 원산의 만생종. 완전히 익으면 단맛이 진해진다. 녹는 듯한 식감과 농후함이 특징이며, 사이즈가 작아 다루기 편하다. 생식은 물론 콩포트나 잼 등의 가공에도 적합하다. 국내에서는 통조림 형태로 유통되고 있다.

평핵무(감)

니가타 원산의 씨 없는 감으로 떫은맛을 뺀 후 출하된다. 씨가 없어 먹기 편하고 선명한 단맛을 즐길 수 있다. 사각사각한 식감이지만 숙성되면 쫀득하고 부드럽게 변한다.

얼스계 멜론(녹육 멜론)

껍질에 그물 모양이 있는 '네트 멜론'으로, 고급 품종인 얼스 페이버릿 품종을 재배하기 좋게 개량한 것이다. 향이 좋고 단맛이 뚜렷하다. 샌드위치용으로는 너무 익지 않은 것을 골라 사용한다.

루피아 레드(적육 멜론)

과육은 선명한 오렌지색이며 베타카로틴이 다량 함유되어 있다. 뒷맛이 깔끔한 녹육 멜론에 비해 단맛이 진하고 향기도 짙다. 생햄과 곁들여 먹을 때는 적육 멜론이 좋다.

아보카도

'숲속의 버터'라는 별명을 가진 아보카도는 가장 영양가가 높은 과일로 기네스 세계 기록으로 인정받았다. 부드러운 식감과 선명한 색이 특징이며 샌드위치 재료로 인기가 높다.

파인애플

당도가 높고 과즙이 풍부하며 달콤한 향을 진하게 풍긴다. 섬유질이 풍부하다. 일반적으로 심이 딱딱하지만, 심까지 부드러운 품종도 있다. 대부분 수입품이라 일 년 내내 신선한 파인애플을 어렵지 않게 구할 수 있다.

바나나

일 년 내내 안정적이고 저렴한 가격으로 유통되고 있다. 국내 바나나 소비량은 1인당 연간 8kg 정도이다. 쫀득한 식감과 진한 단맛이 특징이며 언제든지 간편하게 먹을 수 있는 것이 장점이다.

몽키바나나

길이 약 7~9cm, 개당 무게 50g 전후로 먹기 편하며, 부드럽고 단맛이 진하다. 일반 바나나에 비해 가격이 비싸지만 샌드위치 재료로 쓰기 좋은 사이즈다.

어윈 망고

국내에서 재배되는 망고 대부분은 어윈 품종이다. '애플 망고'라고도 불리며, 커다란 달걀형으로 깊은 단맛과 입에서 녹는 듯한 식감이 돋보인다.

켄트 망고

멕시코 원산이며 익으면 색이 빨개지는 애플 망고의 일종이다. 섬유질이 적어 혀에 닿는 느낌이 부드럽다. 선명한 단맛과 은은한 산미를 지니고 있다.

남독마이 망고

태국산 망고로 껍질과 과육 모두 노란색이라 '골든 망고'라고 부르기도 한다. 당도가 높으며, 감칠맛 나는 달콤함과 부드러운 식감이 특징이다.

과일 샌드위치를 만들기 전에

'과일'이라는 이름으로 한데 묶어 부르지만 그 맛과 식감, 먹는 법은 아주 다양합니다. 껍질째 먹는 것과 껍질을 벗겨 먹는 것, 생식에 적합한 것과 가공하기 좋은 것 등 여러 면에서 차이가 있죠. 씨의 유무에 따라 자르는 법과 용도가 달라지기도 합니다. 망고처럼 씨의 형태와 위치를 잘 알지 못하면 손질이 어려운 것들도 있습니다. 먼저 과일 본연의 맛을 음미해 보고 그 개성을 살리는 데 어떤 빵이 어울릴지, 어떤 크림이 잘 맞을지 등을 생각해 봅시다.

같은 과일이라도 품종에 따라 달콤함과 새콤함의 밸런스, 식감은 모두 다릅니다. 크게 자르느냐, 얇게 슬라이스하느냐에 따라 균형감도 다채로워지죠.

한 종류의 과일만 쓰느냐, 여러 종류를 조합해 쓰느냐에 따라 예쁜 단면을 만드는 법이나 목표로 하는 맛의 방향 역시 바뀝니다.

작은 차이를 하나하나 확인해 가며 다양한 조합을 시도하다 보면 심플한 과일 샌드위치가 특별하고 호화로운 디저트로 변신할 것입니다.

건과일의 **종류**

건과일은 건조 과정을 거치며 본연의 맛이 응축되어 신선한 과일의 맛과는 또 다른, 독특한 풍미를 선사합니다. 단맛과 산미가 도드라지며 빵에 살짝만 곁들여도 확실한 존재감을 드러냅니다.

캘리포니아 건포도

전 세계 건포도 생산량의 약 40%가 캘리포니아산인 만큼, 가장 일반적인 건포도라 할 수 있다. 잘 익은 포도를 햇볕에 말린 것으로 농후한 단맛과 쫀득한 식감이 특징이다.

살타나 건포도

터키산 건포도로 캘리포니아산보다 햇볕에 말리는 기간이 짧고 노란빛이 감도는 밝은 색감이 특징이다. 껍질이 얇으며 깔끔하고 자연스러운 단맛, 은은한 산미를 지닌다.

커런트

일반적인 건포도의 1/4 정도 되는 사이즈로, 씨가 없는 미니 건포도이다. 향이 강하고 산미가 뚜렷하다. 샐러드 등을 만들 때 일반 건포도보다 살짝 절제된 악센트를 주고 싶다면 사용해 보자.

건블루베리

블루베리의 달콤함과 새콤함이 응축되어 진하고 깊은 맛을 지닌다. 신선한 블루베리와 블루베리 잼, 건블루베리를 조합해 다양한 맛을 한번에 즐겨도 좋다.

건살구

건과일의 왕자라는 별명이 있으며 전 세계 사람들에게 친숙해 제과의 재료로도 널리 쓰인다. 사진은 터키산 소프트 타입으로 산뜻한 맛이 매력적이다. 말린 것 그대로 콩포트를 만들어도 좋다.

건자두(씨앗을 제거한 것)

서양 자두인 프룬을 건조시킨 것으로 쫀득한 식감과 진한 단맛이 특징이다. 과육이 부드럽고 산미의 밸런스가 좋다. 철분과 비타민 B군, 식이섬유가 풍부하다.

건흑무화과

톡톡 씹히는 식감을 즐길 수 있으며 산미가 적고 부드러운 단맛이 난다. 식이섬유와 철분이 풍부해 그대로 먹어도 맛있다. 콩포트의 재료로도 적합하다.

이란산 건백무화과

완전히 익은 후에 따기 때문에 입이 빠끔히 벌어져 있다. 비교적 씨알이 작고 단단하지만 단맛이 응축되어 있어 깊은 맛이 난다. 말린 것 그대로 빵이나 치즈와 함께 먹어 보길 권한다.

곶감

그냥 먹기에는 너무 떫은 감을 맛있게 즐기기 위한 생활의 지혜가 담겨 있는 전통 식품. 아시아의 식품이라는 인상이 강하지만 빵과 잘 어울린다. 버터나 치즈와의 조합도 근사하다.

건망고

건조시켜도 트로피컬 향과 진한 맛이 남아 있어 건과일 중 특히 인기가 높다. 물기를 머금으면 생과일과 같은 식감이 되살아나므로, 샐러드 재료로 사용하면 그 맛이 한층 돋보인다.

건파인애플

달콤하고 진한 맛 속에 기분 좋은 산미가 퍼진다. 섬유질이 많아 사각사각한 식감을 즐길 수 있다. 물에 불리거나 데우면 신선한 파인애플과 비슷한 맛이 난다. 굵게 다져 크림치즈와 조합해도 좋다.

바나나칩

얇게 썬 바나나를 코코넛 오일에 튀긴 것으로 바삭한 식감과 부드러운 단맛이 매력적이다. 일반 건과일을 사용하듯 과일 샌드위치의 토핑으로 써도 좋다.

건과일 만들기

오븐이나 식품 건조기(디하이드레이터/p.55 참고)를 써서,
손쉽게 건과일을 만들 수 있습니다.
시판 제품에 비해 맛이 신선하고 건조 정도도 기호에 맞게 조절할 수 있죠.
제철 과일의 양이 충분할 때 만들어 보세요.

건포도 만들기

1 알갱이가 작고 씨가 없는 품종인 델라웨어는 비교적 건조하기 쉬운 편이다. 트레이에 오븐 시트를 깔고 송이에서 떼어 낸 델라웨어를 펼쳐 놓은 후, 120℃로 예열한 오븐에 넣고 2시간 정도 가열해 수분을 날린다.

2 건조되어 껍질 전체에 주름이 잡혔지만 안에는 수분이 있어 촉촉한 상태이다. 열기가 사라지면 보존 용기에 담아 냉장 보관한다. 건조 정도는 기호에 따라 조절할 수 있으며 수분이 많은 '세미 드라이' 상태로 만들어도 좋다.

건사과 만들기

1 사과는 껍질째 빗 모양으로 자르고(p.26 자르는 법 4 참고) 식품 건조기의 네트 위에 나란히 올려 둔다. 중온(60℃ 정도)으로 세팅 후 건조시킨다.

2 6~8시간을 기준으로 기호에 맞게 건조 정도를 조절한다. 바싹 말릴수록 보존성이 높다. 보존 용기에 넣어 냉장 보관한다.

감말랭이 만들기

1 껍질을 벗기고 빗 모양으로 잘라(p.26 자르는 법 6 참고) 식품 건조기의 네트 위에 나란히 올려 둔다. 중온(60℃ 정도)으로 세팅 후 건조시킨다.

2 6~8시간을 기준으로 기호에 맞게 건조 정도를 조절한다. 바싹 말릴수록 보존성이 높다. 보존 용기에 넣어 냉장 보관한다.

넛츠의 **종류**

딱딱한 껍질에 싸인 식용 과실 및 씨앗의 총칭으로, 먹을 수 있는 나무 열매입니다.
껍질을 까서 건조하는 것이 일반적이며 영양가가 높아 고대부터 귀중한 보존식으로 이용되고 있습니다.
빵과 함께 먹을 때는 로스팅으로 고소함을 살리거나 페이스트로 만들어 펴 바르는 등 일정한 과정을
거쳐서 사용합니다.

호두

빵과 잘 어울리는 넛츠로 빵 반죽에도 사용한다. 몸에 좋다고 알려진 오메가3 지방산과 항산화 물질(폴리페놀, 멜라토닌)을 다량 함유하고 있다. 생식도 가능하지만 로스팅을 추천한다.

아몬드(홀)

영양가가 높으며 특히 비타민E가 풍부해 최근 슈퍼 푸드로 주목받고 있다. 로스팅해서 고소함을 살리면 빵과도 잘 어울린다. 아몬드 밀크, 아몬드 버터 등의 인기도 상승 중이다.

아몬드(슬라이스)

샌드위치에는 슬라이스 아몬드를 쓰는 것이 좋다. 색이 짙어질 정도로 확실히 로스팅하는 것을 추천한다. 과일 샌드위치의 포인트로 사용하면 고소함이 더욱 살아난다.

피스타치오

구약 성서에 등장하는 시바의 여왕이 좋아했다고 해서 '넛츠의 여왕'이라는 별명이 붙었다. 옅은 녹색이 특징이며 풍미가 좋다. 올레산이나 리놀산 등 불포화지방산과 칼륨이 풍부하게 들어 있다.

피스타치오(슈퍼 그린)

짙은 녹색이 특징으로, 어린 열매를 수확한 생피스타치오다. 선명한 색이 인상적이며 과일 샌드위치의 마무리 단계에 굵게 다져 토핑으로 얹기 좋다.

피칸

미국에서 인기가 많은 넛츠로 구움과자 등에 자주 쓰인다. 항산화물질이 많이 들어 있어 안티에이징 식품으로도 주목받고 있다. 이 책에서는 다른 넛츠와 믹스해서 사용한다.

헤이즐넛

껍질을 까기 전의 모양은 마치 도토리 같다. 올레산과 비타민E가 풍부하여 안티에이징 식재료로도 관심을 받고 있다. 향이 진해 과자 재료로도 자주 쓰이며 초콜릿과의 조합도 인기가 높다.

밤

'가을의 미각'으로 널리 사랑받고 있는 밤은 다른 넛츠류에 비해 지방이 적고 전분이 많은 편이다. 단맛이 강해 페이스트나 달콤한 조림류로 가공하는 경우가 많고 과자 재료로는 물론, 다양한 요리의 소재로 널리 활용된다.

땅콩(피넛츠)

이름에는 '넛츠'가 들어가 있지만 나무 열매가 아닌, 땅속에서 열매가 자라는 콩과의 과실이다. 빵과의 조합에서는 땅콩버터의 인기가 높다. 올레산이나 리놀산 등의 불포화지방산과 비타민E가 풍부하다.

캐슈넛

서인도제도가 원산지로 카레에도 사용된다. 사과처럼 생긴 향이 좋은 과일(캐슈애플)의 끝부분에서 자란다. C자 모양으로 희미한 단맛이 돌며 아삭하면서도 가벼운 식감이 특징이다.

마카다미아

하와이 특산물인 초콜릿과 커피의 플레이버로 인기를 얻고 있지만 호주 원산의 넛츠로 오랫동안 원주민들에게 영양을 제공했다. 껍데기가 가장 딱딱한 넛츠로 알려져 있다.

잣

중국에서는 약재 요리의 재료로 사랑받고 있으며 '신선의 영험한 약'이라는 말이 있을 정도로 영양가가 높다. 이탈리아 요리 제노베제의 재료로 쓰이는 등 요리 및 과자 재료로도 널리 사용되고 있다.

넛츠의 활용을 위한 준비 작업

넛츠를 빵과 조합할 때는 고소한 향과 바삭한 식감을 살리는 것이 중요합니다.
간이 되지 않은 것을 준비해, 요리에 알맞게 가공해 사용해 보세요.

로스팅

최근에는 넛츠류를 가열하지 않고 로푸드 식재료로 사용하는 경우가 많으나, 빵과 조합할 때는 로스팅해 사용하는 것이 좋다. 향과 식감이 살아나며 포인트로 소량만 사용해도 존재감이 돋보인다.

로스팅 방법 : 160℃로 예열한 오븐에서 10분 정도 로스팅하는 것을 기준으로, 구워지는 색을 보며 조절한다. 홀 넛츠의 경우, 사이즈에 따라 로스팅 시간을 늘린다. 아몬드 슬라이스는 겹치지 않게 펼쳐 골고루 굽는다.

페이스트 만들기

땅콩버터나 아몬드 버터(p.51 참고)처럼 페이스트 상태로 만들어 넛츠 버터로 사용하는 경우도 많다. 넛츠 버터는 그대로 빵에 발라 먹거나 샌드위치의 포인트로 사용할 수 있다. 사진은 시판 중인 피스타치오 페이스트(p.81에서 사용)와 마론 크림(p.116, 118에서 사용). 피스타치오 페이스트는 가격이 비싸고 맛이 진하기 때문에 크림에 소량만 더해 풍미를 살리는 데 사용한다. 마론 크림은 밤 페이스트에 단맛과 바닐라 풍미를 더한 것으로 잼처럼 사용할 수 있다.

꿀에 절이기(넛츠 꿀 절임)

로스팅한 홀 넛츠를 기호에 맞게 섞어 꿀에 절이기만 하면 된다. 손쉽게 만들 수 있으며 빵에 어울리는 보존식으로 인기가 높다. 넛츠는 지방 함량이 높아 산화되기 쉬운데, 꿀에 절여 놓으면 오래 두고 먹을 수 있다. 넛츠와 꿀의 비율은 1:1을 기준으로 잡고, 넛츠가 꿀에 충분히 잠길 수 있도록 양을 조절하면 된다. 꿀은 아카시아 등 무난한 것을 쓰면 활용하기 편하다. 고소함과 은은한 쌉쌀함이 특징인 밤꽃 꿀을 사용하면 어른스러운 맛으로 완성된다.

캐러멜라이즈

로스팅한 넛츠를 캐러멜 코팅하는 것으로, 은은한 쌉쌀함과 바삭한 식감을 즐길 수 있다.

캐러멜 넛츠 만드는 법(만들기 좋은 양)
냄비에 그래뉴당 125g과 물 1큰술을 넣고 불에 올린다. 그래뉴당이 녹아서 시럽처럼 되면 로스팅한 믹스 넛츠 250g을 넣은 후 내열 주걱을 이용해 한번에 섞어 준다. 넛츠 주변에 시럽이 얽혀 온도가 내려가면 하얗게 결정화된다. 그대로 섞어 가며 계속해서 가열한다. 시럽이 갈색으로 변해 캐러멜 상태가 되면 무염 버터 10g을 넣어 다시 섞는다. 베이킹 시트를 깔고 트레이에 펼쳐 식힌다.

과일 **자르는 법**

과일을 빵과 조합할 때, 특히 샌드위치를 만들 때 사용하기 좋은 자르는 법을 소개합니다.
모양과 크기가 고르게 나오고 과일의 맛이 한쪽에 치우치지 않도록 균일하게 자르는 것이
포인트입니다. 특별한 기술이 있는 것은 아니지만 어떻게 자를지 고민이 된다면 참고해 주세요.

복숭아

자르는 법 / 과육이 부드럽고 섬세하므로 조심스럽게 다룬다. 껍질을 한 번에 벗기고 싶을 때는 끓는 물에 데친 후 벗긴다.

1 복숭아의 꼭지 부분부터 가운데 움푹 파인 선을 따라 칼을 넣는다. 씨가 닿으면 칼을 한 바퀴 빙 돌려 가며 자른다.

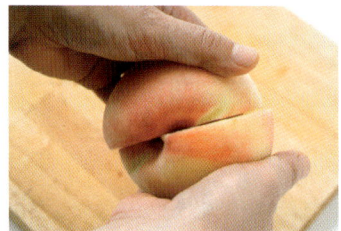

2 두 손으로 양쪽을 잡고 서로 반대 방향으로 돌려 둘로 나눈다. 과육이 부드러우니 뭉그러지지 않게 조심한다.

3 둘로 나누고 나면 한쪽에 씨가 붙어 있다.

4 칼끝으로 씨 주변의 섬유질을 제거한다.

5 씨를 제거한다.

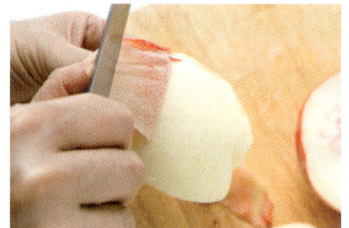

6 부드러운 복숭아를 사용할 경우. 칼로 살살 잡아당겨 가며 껍질을 벗긴다 (p.88에서 사용).

7 슬라이스를 할 때는 **6**까지 마친 후 사용할 요리에 적합한 두께로 자른다 (p.86에서 사용).

8 빗모양으로 자를 때는 **5**까지 마친 후 세로 방향으로 자른다. 사용할 요리에 맞는 두께로 자르고 껍질을 벗긴다 (p.89에서 사용).

9 은행잎 썰기를 할 때는 **8**까지 마친 후 다시 한번 사용할 요리에 맞는 두께로 자른다(p.87에서 사용).

오렌지

자르는 법 / 과육을 잘라 사용할 때는 속껍질이나 흰 부분이 남지 않도록 잘 제거한다.

1 오렌지의 꼭지 부분을 수평으로 잘라 낸다.

2 반대쪽도 같은 방법으로 자른다.

3 평평한 부분을 바닥에 놓고 껍질과 과 육 사이에 칼을 집어넣어 윤곽을 따라 위에서 아래로 자르며 껍질을 제거한다.

4 오렌지를 돌려 가며 3을 반복해 껍질 을 전부 제거한다.

5 속껍질과 흰 부분도 남김없이 제거한다.

6 과육을 한 쪽씩 잘라 낸다. 얇게 보이 는 선을 따라 안쪽으로 칼을 넣는다.

7 반대쪽에서 가운데로 칼을 넣으면 과 육이 잘린다(p.106, 179에서 사용).

8 껍질을 사용할 때는 하얀 속껍질 부분 을 조심스레 분리한다.

9 사용할 메뉴에 따라 적당한 사이즈로 채를 썬다(p.148에서 사용).

과일 **자르는 법**

멜론

자르는 법 ／ 씨 주변의 당도가 높고, 껍질 쪽으로 갈수록 낮아지기 때문에 빗 모양으로 잘라야 맛의 밸런스가 좋다.

1 꼭지를 잘라 낸다.

2 세로로 반을 자른다.

3 씨 부분 중 위아래 질긴 쪽의 밑동을 잘라 낸다.

4 스푼을 사용해 씨를 긁어 낸다.

5 다시 한 번 세로로 반을 자른다.

6 사용할 메뉴에 맞게 빗 모양으로 자른 다. 사진은 **5**를 반으로 잘라 1/8 사이 즈로 만드는 예시이다.

7 껍질 쪽을 도마에 놓고 흔들리지 않게 잡은 다음 과육과 껍질 사이에 칼을 넣어 윤곽을 따라 껍질을 제거한다.

8 사용할 메뉴에 적합한 사이즈로 은행 잎 썰기를 한다(p.84에서 사용).

9 **6**보다 더 얇게 자르고 싶을 때는 가로 로 반을 자른 후 원하는 두께로 잘라 **7**과 같이 껍질을 제거한다(p.85에서 사용).

망고

자르는 법 / 납작한 씨앗의 위치를 파악하는 것이 포인트. 날이 휘어지는 칼을 사용하면 더 자르기 쉽다.

1 망고는 가운데에 납작한 씨앗이 있다. 꼭지를 기준으로 위아래 1cm 정도 되는 지점에 칼을 넣는다. 씨 모양을 따라 과육을 잘라 낸다.

2 한쪽을 잘라 낸 후. 망고를 뒤집어 반대쪽도 똑같이 잘라 낸다. 씨가 있는 가운데 부분과 위아래의 과육, 총 3덩어리로 나눈다.

3 껍질을 벗긴다.

4 씨 주변에도 과육이 붙어 있기 때문에 씨 윤곽을 따라 과육을 분리한다.

5 씨 주위의 과육은 도마 위에 씨를 비스듬히 세워 놓고 발라 내면 알뜰하게 분리할 수 있다.

6 사용할 메뉴에 따라 반으로 자르거나 (p.92에서 사용) 슬라이스한다(p.77, 93에서 사용).

아보카도

자르는 법 / 과육이 부드러워 쉽게 뭉그러지므로 껍질을 벗긴 후에는 조심히 다룬다.

1 아보카도의 가운데에는 동그란 씨가 들어 있다. 꼭지를 기점으로 씨가 닿을 때까지 칼을 넣어 그대로 한 바퀴 빙 돌려 가며 자른다.

2 두 손으로 양쪽을 잡고 서로 반대 방향으로 돌려 둘로 나눈다.

3 둘로 나누고 나면 한쪽에 씨가 붙어 있는데, 씨의 중앙에 칼날을 가볍게 꽂는다.

4 2에서처럼 한 손에는 씨가 붙은 아보카도를, 다른 한 손에는 칼을 잡고 서로 반대 방향으로 밀어내듯 돌리면 씨가 제거된다.

5 껍질은 벗겨서 제거한다. 손을 사용하거나 칼을 이용해 벗겨 낸다.

6 사용할 메뉴에 따라 세로 방향(p.122에서 사용). 혹은 가로 방향으로 슬라이스한다(p.120에서 사용).

사과

자르는 법 ／ 빨간 껍질과 엷은 노란빛 과육의 대비가 드러나도록, 껍질이 고루 붙어 있게 자르면 색감이 좋다.

1 세로로 반을 자른다.

2 과일 스푼(p.54 과일 데코레이터 참고) 으로 심 부분을 도려낸다.

3 심의 위아래를 V자로 잘라 낸다.

4 빗 모양으로 자를 때는 방사형으로 세 로 자르기를 한다(p.19에서 사용).

5 슬라이스할 때는 심을 중심에 두고 가 로로 놓은 뒤 반달 모양으로 자른다. 샌드위치를 만들 때는 곡선이 예쁘게 드러나는 이 방법을 쓰는 것이 좋다.

6 사용할 메뉴에 적합한 두께로 자른다 (p.112, 114, 137에서 사용).

감

자르는 법 ／ 샌드위치에 사용하려면 씨가 없는 것이 편하다. 꼭지 쪽의 단단한 부분을 깔끔하게 제거한다.

1 세로로 반을 자른다.

2 꼭지를 딸 때 주변의 단단한 부분도 같이 제거한다.

3 껍질을 제거한다.

4 다시 한 번 반으로 자른다. 은행잎 모양 으로 썰 때는 이것(1/4 크기)을 가로 방 향으로 슬라이스한다(p.78에서 사용).

5 중심부를 기점으로 빗 모양 자르기를 한다.

6 사용할 메뉴에 적합한 두께로 자른다 (p.19에서 사용).

파인애플

자르는 법 / 심이 딱딱하므로 도려낸 후 사용한다. 기구를 사용하면 편리하다.

1 잎 부분을 손으로 비틀어 떼어 내고 양 끝을 수평으로 잘라 낸다.

2 도마에 세워 놓고 껍질을 제거한다. 싹(갈색이 울퉁불퉁한 부분) 안쪽에 칼을 넣고 세로로 칼질을 한다.

3 2의 작업을 반복해 깔끔하게 껍질을 제거한다.

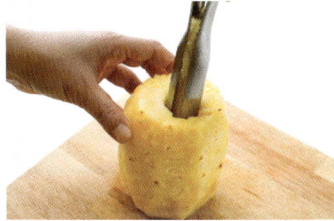

4 전용 기구를 사용해 심지를 도려낸다. 기구가 없다면 세로로 빗 모양 자르기 를 한 후 심지 부분을 버리면 된다.

5 심지를 도려낸 상태.

6 사용할 메뉴에 적합한 두께로 자른다. 샌드위치 재료로 사용하기 쉽도록 다 시 6~8등분한다(p.77, 143에서 사용).

키위

자르는 법 / 하얀색의 중심부, 검은색 씨와 녹색 과육이 어우러진 특유의 단면을 살릴 수 있도록 잘라 준다.

1 꼭지 부분을 잘라 낸다.

2 꼭지 부분 중앙에는 단단한 심이 있 다. 가장자리부터 수평으로 얕게 칼을 넣으면 중앙의 심 부분에 닿는다.

3 그대로 칼을 한 바퀴 돌린 후 껍질째 위로 떼어 내면 꼭지와 함께 심이 딸 려 나온다.

4 세로 방향으로 껍질을 벗긴다.

5 사용할 메뉴에 적합한 두께로 동그랗 게 자른다(p.73, 75, 95에서 사용).

6 큼지막하게 사용하고 싶을 때는 세로 로 반을 자르거나 4등분한다(p.72, 74, 94에서 사용).

과일의 **가열** 　잼

과일을 가공하면 생과일과는 또 다른 맛을 끌어낼 수 있습니다. 보존이 용이해지고 제철의 맛을 오랫동안 즐기게 해 주는 것이 가공의 매력이죠. 가장 일반적인 가공품은 과일을 설탕에 조리고 펙틴의 작용을 이용해 젤처럼 만드는 잼(Jam)입니다. 프랑스어로는 콩피튀르(Confiture)라 부르며 감귤류로 만드는 마멀레이드, 투명한 쥬레 등을 모두 아우르는 총칭입니다.

살구잼

살구는 제철이 짧고 상처가 나기 쉬워 생으로 즐길 기회가 한정되어 있습니다.
잼이나 콩포트로 만들면 뚜렷한 산미와 독특한 향이 한층 더 살아나기 때문에 가공에 적합하죠.
사용의 폭도 넓어 해마다 만들어 두면 유용한 잼입니다.

재료(만들기 좋은 양)
살구 ‥‥‥ (과육)1kg
그래뉴당 ‥‥‥ 400g(살구 중량의 40%)
살구씨 ‥‥‥ 적당량

1 살구는 세로로 반을 잘라 씨를 제거한다. 반으로 자른 과육을 다시 4등분한 후 계량한다.

2 살구와 그래뉴당을 볼에 넣고 골고루 섞는다.

3 살구에서 수분이 나와 그래뉴당이 녹을 때까지 2시간 정도 둔다. 덜 익은 살구는 시간이 더 걸리기 때문에 랩을 씌워 냉장고에 하룻밤 둔다.

4 향을 풍부하게 하려면 살구씨도 함께 조린다. 티백에 넣어 조리면 나중에 꺼내기 편하다. 딱딱한 껍질을 부수고 안에 있는 행인만 빼서 써도 좋다.

5 3을 냄비로 옮겨 중불에서 조린다. 미리 그래뉴당과 섞어 두었으므로 수분에 잠긴 상태가 되어 가열하기 편하다. 끓을 때까지 냄비 바닥에 눌어붙지 않도록 내열 주걱으로 저어 준다.

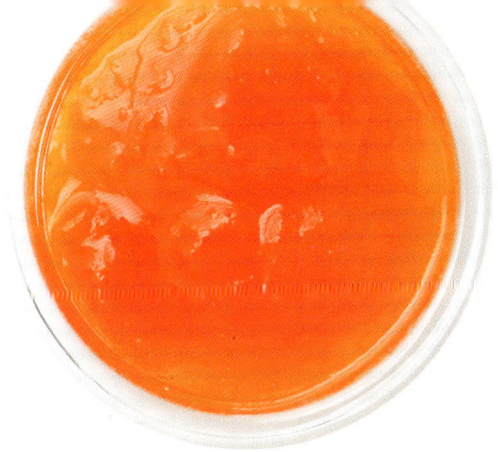

* 여기에서는 과일의 신선함을 살리기 위해 그래뉴당 양의 기준을 과일 양의 40%로 잡았다. 살구처럼 신맛이 강한 과일은 레몬즙을 넣지 않아도 그 자체의 산미로 조화로운 맛을 낸다. 당도가 낮은 잼은 상온에서의 장기 보존에 적합하지 않기 때문에 미개봉 상태라 하더라도 냉장 부과하는 것이 안전하다. 보존성을 높이고 싶다면 그래뉴당을 과일 양의 60% 정도로 늘린 후 레몬즙(과일 양의 3~5%)을 첨가해도 좋다.

6 거품이 올라오면 국자를 이용해 꼼꼼히 걷어 내며 5분 정도 조린다. 끓인 물이 담긴 작은 냄비를 옆에 두고 거품을 걷어 낸 국자를 담그면 국자에 묻은 거품이 다시 원래 냄비에 들어가는 것을 막을 수 있다.

7 5분 정도 더 조려 더 이상 거품이 올라오지 않고 걸쭉하게 윤기가 흐르기 시작하면 불을 끈다(잼을 찬물에 떨어뜨렸을 때 탱탱하게 뭉치면 딱 적당한 상태다).

8 끓는 물에 소독한 깨끗한 병에 옮겨 담는다. 병 입구의 약 5mm 아래까지 채운다. 잼 깔때기(p.55 참고)가 있으면 병 입구에 잼이 묻지 않아 편리하다.

9 식기 전에 뚜껑을 살짝 닫고, 병을 살살 흔들어 준다. 그리고 뚜껑을 조금 열면 피식하는 소리와 함께 공기가 빠진다. 그때 재빨리 뚜껑을 꽉 닫는다.

10 장기 보존하려면 끓는 물에 잼을 담은 병을 넣고 약불에서 10분간 가열 소독한다.

병을 소독하는 방법

깨끗한 병을 준비한다. 냄비에 넉넉하게 물을 끓여 병과 뚜껑을 분리해서 넣고 센 불에서 5분 정도 끓인다. 집게를 사용해 병을 꺼낸 후 종이 타월을 깔아 둔 트레이 위에 뒤집어 놓고 말린다. 냄비에서 꺼낼 때 물기를 확실히 제거해 건조하고, 마른행주 등으로 닦지 않는다.

과일의 **가열** [잼]

프룬잼

단맛과 산미의 밸런스가 좋고 펙틴이 풍부하기 때문에 살구와 마찬가지로
레몬즙 첨가 없이 과일 본연의 맛을 살리는 방법을 추천합니다.

재료(만들기 좋은 양)
프룬 …… (과육)1kg
그래뉴당 …… 400g

3 프룬과 그래뉴당을 볼에 넣고 골
고루 섞는다. 프룬에서 수분이
나와 그래뉴당이 녹을 때까지
2시간 정도 둔다.

6 거품이 올라오면 국자로 꼼꼼히
걷어 낸다.

1 프룬은 세로로 반을 자르고 가운
데의 씨를 제거한다.

4 그래뉴당이 녹아 프룬과 잘 어우
러진 모습. 과즙에 잠긴 상태가
되어 조리하기 편하다.

7 5분 정도 더 조려 더 이상 거품
이 올라오지 않고 걸쭉하게 윤기
가 흐르기 시작하면 불을 끈다.

2 반으로 자른 프룬을 다시 6등분
한다.

5 4를 냄비로 옮겨 중불에서 조린다.

8 끓는 물에 소독한 병에 옮겨 담
는다. 병 입구의 약 5mm 아래
까지 채운다. 잼 깔때기(p.55 참
고)가 있으면 병 입구에 잼이 묻
지 않아 편리하다.

분탄 마멀레이드

마멀레이드(Marmalade)는 포르투갈어인 마르멜라다(Marmelada),
'마르멜로 잼'에서 유래되어 지금은 감귤류로 만든 잼을 지칭하는 용어가 되었습니다.
가장 일반적인 것은 오렌지 마멀레이드로 다양한 감귤류를 사용할 수 있습니다.
껍질까지 사용하기 때문에 이 점을 감안해 좋은 재료를 골라 주세요.

★ 분탄은 국내에서 구할 수 없는 과일이므로, 자몽이나 기타 감귤류로 대체해서 사용한다.

재료(만들기 좋은 양)
분탄 …… 1개(과육 250g, 껍질 120g)
그래뉴당 …… 150g
레몬즙 …… 20㎖
펙틴※ …… 4g
※ LM 펙틴을 사용.

3 껍질을 방사형으로 자른 후, 겉
껍질의 흰 부분을 반 정도 제거
하고 약 2mm 두께로 얇게 채를
썬다. 얇은 속껍질을 벗겨 내고
과육을 분리해 씨를 제거한다.
껍질과 과육을 계량한다.

6 펙틴은 그대로 넣으면 뭉치기 때
문에 남겨 둔 그래뉴당과 미리
잘 섞어 준다.

1 분탄의 윗부분에 십자로 칼집을
낸다.

4 냄비에 넉넉하게 물을 끓여 껍질
을 넣고 5분 정도 삶는다. 체에
밭쳐 물기를 제거한다.

7 6을 5에 조금씩 넣는다.

2 칼집을 이용해 껍질을 벗겨 낸다.

5 냄비에 분탄의 과육과 껍질을 넣
고 준비한 그래뉴당의 3/4과 레
몬즙을 첨가해 고루 섞는다. 그
래뉴당이 녹으면 중불에 올린다.
끓으면 거품을 걷어 낸다.

8 5분 정도 더 조려 더 이상 거품
이 올라오지 않고 걸쭉하게 윤기
가 흐르기 시작하면 불을 끈다.
끓는 물에 소독한 깨끗한 병에
담는다.

과일의 **가열** 잼

무화과잼

산미가 적고 고급스러운 단맛이 나는 무화과는 잼으로 만들면 진한 맛이 배가됩니다. 여기에서는 껍질째 만드는 레시피를 소개하고 있지만, 껍질을 벗기면 더욱더 부드러운 맛을 느낄 수 있습니다. 톡톡 터지는 특유의 식감이 매력적인 잼입니다.

재료(만들기 좋은 양)

무화과※ …… 250g

그래뉴당 …… 100g

레몬즙 …… 15㎖

※ 이 레시피에서는 블랙미션(캘리포니아산 흑무화과)을 사용.

만드는 법

무화과를 한입 크기로 잘라 그래뉴당과 섞는다. 그래뉴당이 녹으면 냄비에 넣고 중불에 올린다. 끓으면 거품을 걷어 낸다. 레몬즙을 첨가한 후 전체적으로 점성이 생길 때까지 조린다.

딸기잼

다양한 과일잼 중 한국인들이 가장 즐겨 먹는 것이 바로 이 딸기잼입니다. 세계적으로도 오랫동안 사랑받고 있죠. 생으로 먹을 때는 당도 높은 딸기가 맛있지만 잼을 만들 때는 산미가 강한 딸기를 사용할 것을 추천합니다.

재료(만들기 좋은 양)

딸기 …… 250g

그래뉴당 …… 100g

레몬즙 …… 15㎖

펙틴※ …… 3g

※ LM 펙틴을 사용.

만드는 법

4등분한 딸기와 준비한 그래뉴당의 2/3를 잘 섞는다. 그래뉴당이 녹으면 냄비에 넣고 중불에 올린다. 끓으면 거품을 걷어 낸다. 나머지 그래뉴당에 펙틴을 섞어 냄비에 고루 뿌리고 조금 더 끓인다. 레몬즙을 첨가한 후 전체적으로 점성이 생길 때까지 조린다.

라즈베리잼

톡톡 터지는 식감이 특징입니다. 새콤달콤함의 밸런스가 좋아 빵과 조합할 때뿐 아니라
과자 만들기에도 활용할 수 있습니다. 신선한 라즈베리는 가격이 비싸고 구하기도
어려우니 냉동 제품을 사용해 보세요.

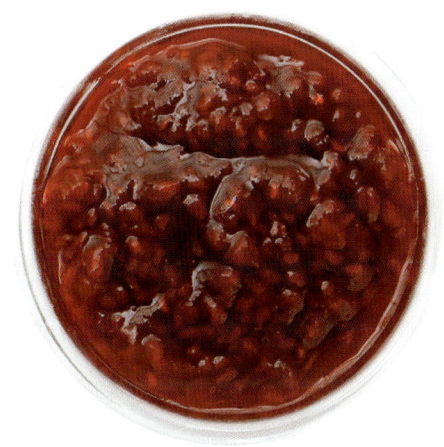

재료(만들기 좋은 양)

라즈베리(냉동) …… 250g
그래뉴당 …… 100g
레몬즙 …… 10㎖

만드는 법

라즈베리와 그래뉴당을 잘 섞는다. 그래뉴당이 녹으면 냄
비에 넣고 중불에 올린다. 끓으면 거품을 걷어 낸다. 레몬
즙을 첨가한 후 전체적으로 점성이 생길 때까지 조린다.

블루베리잼

베리잼 중 딸기잼 다음으로 인기가 높으며 만들기도 쉽습니다. 열매 그대로 사용하기
때문에 식감을 즐기기에도 그만이죠. 싱싱한 블루베리를 구하는 것은 그리 어렵지
않지만 계절에 따라서는 냉동 제품을 사용해도 좋습니다.

재료(만들기 좋은 양)

블루베리 …… 250g
그래뉴당 …… 100g
레몬즙 …… 15㎖
펙틴※ …… 3g

※ LM 펙틴을 사용.

만드는 법

블루베리와 준비한 그래뉴당의 2/3를 잘 섞는다. 그래뉴
당이 녹으면 냄비에 넣고 중불에 올린다. 끓으면 거품을
걷어 낸다. 나머지 그래뉴당에 펙틴을 섞어 냄비에 고루
뿌리고 조금 더 끓인다. 레몬즙을 첨가한 후 전체적으로
점성이 생길 때까지 조린다.

과일의 **가열** 　잼

솔담잼

달콤함과 새콤함의 조화와 새빨간 과육이 인상적인 솔담 자두는 잼으로 만들어도
선명한 맛과 색이 생생하게 유지됩니다. 다른 품종의 자두잼도 같은 방법으로
만들 수 있습니다.

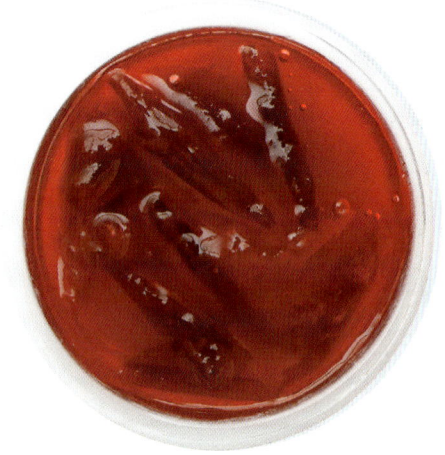

재료(만들기 좋은 양)

솔담 …… (과육)250g
그래뉴당 …… 100g
레몬즙 …… 15㎖

만드는 법

솔담의 씨를 제거하고 한입 크기로 자른 후 그래뉴당과
잘 섞는다. 그래뉴당이 녹으면 냄비에 넣고 중불에 올린
다. 끓으면 거품을 걷어 낸다. 레몬즙을 첨가한 후 전체
적으로 점성이 생길 때까지 조린다.

망고잼

생식용 과일로 인기가 좋은 망고는 잼으로 만들어도 깊은 풍미와 풍부한 맛을
느낄 수 있습니다. 여기에서는 신선한 망고를 사용한 레시피를 소개하고
있지만, 냉동 제품으로 만들어도 괜찮습니다.

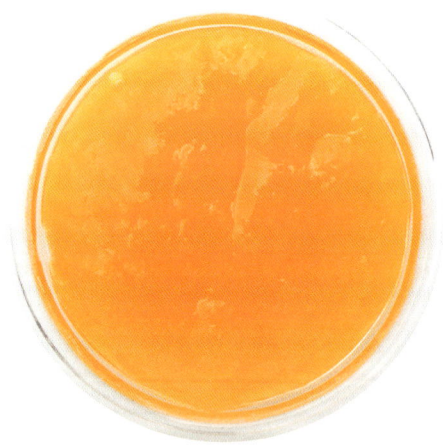

재료(만들기 좋은 양)

망고 …… (과육)250g
그래뉴당 …… 100g
레몬즙 …… 15㎖

만드는 법

망고를 한입 크기로 자른 후 그래뉴당과 잘 섞는다. 그래
뉴당이 녹으면 냄비에 넣고 중불에 올린다. 끓으면 거품
을 걷어 낸다. 레몬즙을 첨가한 후 전체적으로 점성이 생
길 때까지 조린다.

● 망고잼은 소스나 머스터드 등의 조미
료와도 잘 어울립니다. 조미료와 조합
할 때는 핸드블렌더를 이용해 퓌레 형
태로 만들어 봅시다.

블루베리잼 + 크림치즈

재료(만들기 좋은 양)
블루베리잼(p.33 참고) …… 50g
크림치즈 …… 100g

만드는 법
블루베리잼 : 크림치즈
= 1 : 2의 비율로 섞는다.

● 블루베리잼과 크림치즈를 섞으면 레어 치즈 케이크 같은 맛이 납니다. 샌드위치에도 활용하기 좋죠. 전체를 고르게 섞기보다는 러프함을 살려 적당히 어우러지게 하면 크림치즈와 잼 각각이 지닌 본연의 맛을 즐길 수 있습니다.

살구잼 + 백앙금

재료(만들기 좋은 양)
살구잼(p.28〜29 참고) …… 50g
백앙금 …… 100g

만드는 법
살구잼 : 백앙금
= 1 : 2의 비율로 섞는다.

● 살구는 화과자의 재료로 자주 쓰이며 백앙금과의 궁합도 훌륭합니다. 일본식 과일 샌드위치에 사용하면 친숙하면서도 신선한 맛을 느낄 수 있습니다. 살구 외에 무화과나 마멀레이드와 조합해도 좋습니다.

망고잼 + 디종 머스터드

재료(만들기 좋은 양)
망고잼(p.34 참고) …… 50g
디종 머스터드 …… 50g

만드는 법
망고잼 : 디종 머스터드
= 1 : 1의 비율로 섞는다.

● 망고의 풍부한 향과 진한 맛은 조미료와 어우러져도 충분한 개성을 발휘합니다. 디종 머스터드와의 조합은 의외의 별미! 향긋한 풍미가 육류와도 잘 어울립니다.

망고잼 + 돈가스 소스

재료(만들기 좋은 양)
망고잼(p.34 참고) …… 50g
돈가스 소스 …… 100g

만드는 법
망고잼 : 돈가스 소스
= 1 : 2의 비율로 섞는다.

● 망고의 새콤달콤함이 돈가스 소스와 만나 깊은 맛을 이룹니다. 원래의 소스보다 한층 더 프루티한 진한 맛을 즐길 수 있습니다. 특히 돈가스 샌드위치와의 조합을 추천합니다.

블루베리 크림치즈

살구 앙금

망고 머스터드

망고 돈가스 소스

과일의 **가열** 콩포트

콩포트(Compote)는 과일 시럽 조림으로, 물과 와인, 설탕과 향신료 등으로 과일을 조려 보존성이 좋습니다. 잼보다 당도가 낮아 더욱더 신선한 풍미와 식감을 느낄 수 있는 것이 매력이죠. 건과일을 사용할 때는 물에 담가 불린 후에 조리는 것이 좋습니다.

아메리칸 체리 콩포트

홍수봉이나 좌등금 체리에 비해 과육이 단단하고 알이 크며, 깊은 단맛을 지녀 가공하기 좋습니다. 키르슈바서※로 향을, 레몬즙으로 산미를 보완해 맛의 균형을 잡아 줍니다.

재료(만들기 좋은 양)

아메리칸 체리 ⋯⋯ (과육)300g
그래뉴당 ⋯⋯ 150g
레몬즙 ⋯⋯ 15㎖
키르슈바서 ⋯⋯ 15㎖

1 체리의 씨를 씨 제거기(p.55 참고)로 제거한 후 계량한다.

2 냄비에 물 120㎖(분량 외)와 그래뉴당을 넣고 중불에서 끓여 그래뉴당을 녹인다.

3 2에 1을 넣고 중불에서 끓인다.

4 거품이 올라오면 꼼꼼하게 걷어 내면서 약불에서 5분 정도 조린다.

5 키르슈바서와 레몬즙을 더해 한소끔 끓인다. 불을 끄고 깨끗한 병에 담는다. 열기가 식으면 냉장 보관한다.

※ 체리를 발효해 만든 증류주 옮긴이 주

황도 콩포트

황도는 백도에 비해 과육이 탄탄해 가열 조리에 적합합니다. 황도 통조림으로 대체할 수도 있지만 홈 메이드의 신선함을 따라잡을 수는 없죠. 향긋한 시럽도 함께 디저트에 활용해 보세요.

재료(만들기 좋은 양)

황도(반으로 잘라 씨를 제거한 것) …… 2개
그래뉴당 …… 300g
화이트 와인 …… 50㎖
레몬즙 …… 30㎖
꿀 …… 20g
바닐라빈 …… 1/2개

3 황도를 뒤집고 뚜껑의 역할을 하도록 키친 페이퍼를 덮어 2분 더 끓인다.

1 냄비에 그래뉴당, 꿀, 물 600㎖(분량 외), 화이트 와인, 소형 칼로 씨앗을 긁어낸 바닐라빈(깍지째)을 넣고 함께 끓인다.

4 황도를 트레이에 꺼낸 후 소형 칼을 사용해 껍질을 제거한다. 데쳤기 때문에 살짝만 당겨 벗겨도 쉽게 제거된다.

2 끓으면 황도를 넣고 약불로 줄인 다음, 5분 정도 끓인다. 거품이 올라오면 걷어 낸다.

5 황도를 다시 냄비에 넣고 레몬즙을 첨가한 후 한소끔 끓여 낸다. 깨끗한 병에 담고 열기가 식으면 냉장 보관한다.

과일의 **가열** [콩포트]

무화과 콩포트

풍부한 과즙과 부드러운 단맛이 돋보이는 무화과 콩포트. 레드 와인은 물론,
시나몬, 팔각과 같은 향신료를 가미해도 향긋하게 완성됩니다.
숙성된 무화과는 뭉개지기 쉽기 때문에 단단한 무화과를 사용해 주세요.

재료(만들기 좋은 양)
무화과※ …… 300g
그래뉴당 …… 150g
레드 와인 …… 150㎖
꿀 …… 20g
레몬즙 …… 15㎖
시나몬 …… 1개
※ 이 레시피에서는 블랙미션(캘리포니아산 흑
　무화과)을 사용.

3 냄비에 그래뉴당, 레드 와인, 물 100㎖(분
량 외), 레몬즙, 시나몬을 넣고 중불에 올려
그래뉴당을 녹인다. 끓으면 꿀을 첨가한다.

1 무화과의 딱딱한 꼭지 부분을 제거한다.

4 냄비에 **2**를 넣고 중불에서 끓인다. 거품
이 올라오면 걷어 낸다. 불을 줄이고 5분
정도 조린다.

2 이쑤시개로 곳곳에 구멍을 뚫어 준다. 이
렇게 하면 무화과 안쪽까지 시럽이 골고
루 스며든다.

5 무화과가 탱글하게 부풀어 오르면 불을
끈다. 깨끗한 병에 담고 열기가 식으면
냉장 보관한다.

과일 통조림

과일 통조림 역시 시럽 조림의 일종입니다. 시판 콩포트라고 생각하면
사용의 폭이 넓어지죠. 신선한 과일을 구하기 힘든 시기나 직접 콩포트를
만들기 어려울 때 사용해 보세요.

황도 통조림(2절)
선명한 오렌지색이 인상적인
황도 통조림은 색감에 포인트
를 주는 역할로 안성맞춤입니
다. 2절(반으로 자른 것) 황도는
슬라이스 방법을 바꿔 여러 용
도로 사용할 수 있습니다. 말캉
한 식감이 식빵과도 잘 어울려,
다양하게 응용할 수 있는 통조
림입니다.

살구 통조림(2절)
황도와 마찬가지로 선명한 오
렌지색이 눈길을 끕니다. 크기
가 작고 부드러워 소량씩 사용
할 수 있는 것도 장점입니다.
서양식 스위츠, 일본의 화과자
등과 두루두루 잘 어울려 활용
도가 높은 통조림입니다.

백도 통조림(2절)
통조림 중에는 비교적 비싼 편
이지만 황도보다 더 부드러운
식감과 섬세한 맛을 즐길 수 있
습니다. 백도는 색이 쉽게 변하
는 단점이 있는데 콩포트로 만
들면 갈변 없이 사용할 수 있습
니다. 산미가 강한 라즈베리잼
과의 조합도 추천합니다.

아마나스(하귤) 통조림
감귤류는 껍질을 벗기는 것이
다소 번거로운데, 통조림을 사
용하면 과육 부분만 편하게 사
용할 수 있습니다. 아마나스 통
조림은 달콤함 속에서도 확실
한 산미, 은은한 쌉쌀함을 느낄
수 있는 '어른의 맛'을 지니고
있습니다. 산뜻한 식감이 신선
함을 선사합니다.

체리 통조림
꼭지와 씨 부분이 그대로 남아
있는 형태가 인상적입니다. 달
콤하면서도 은은한 맛으로, 메
인 재료로는 잘 쓰지 않지만 컬
러에 포인트를 주는 역할로 사
용하기 좋습니다.

다크 체리 통조림
씨가 제거되어 먹기 편하고 달
콤함과 새콤함의 밸런스가 좋
은 향기로운 맛입니다. 진한 붉
은색이 특징으로 다양한 디저
트의 마무리로 사용할 수 있습
니다.

서양배 통조림(2절)
고급스러운 단맛이 풍기고 식
감이 부드러워 먹기 좋으며 서
양배 특유의 향기를 간편하게
즐길 수 있습니다. 아몬드와도
잘 어울리며, 슬라이스하여 과
일 샌드위치나 타르틴의 재료
로 사용해도 좋습니다.

파인애플 통조림(슬라이스)
파인애플 본연의 향기와 달콤
함, 새콤함이 느껴집니다. 절제
된 단맛의 가벼운 시럽으로 만
든 것과 진한 단맛의 묵직한 시
럽으로 만든 것이 있는데, 과일
샌드위치를 만들 때는 가벼운
시럽의 제품이 좋습니다.

과일의 **가열** 〔콩포트〕

밤 속껍질 조림

겉껍질을 까는 것이 수고스럽기는 하지만 레시피대로만 만들면 실패 확률이 낮기 때문에, 밤이 제철일 때 넉넉히 만들어 두면 좋습니다. 주로 화과자를 만들 때 쓰는 방법이지만 양과자에도 활용할 수 있으며 빵과도 잘 어울립니다.
풍성함을 위해 통째로 사용할 수도 있고, 작게 썰어 사용할 수도 있습니다.
포근한 단맛과 향기를 즐겨 보세요.

재료(만들기 좋은 양)
밤(겉껍질을 벗긴 것) …… 850g
그래뉴당 …… 700g
베이킹소다 …… 1큰술

3 냄비에 겉껍질을 제거한 밤을 넣고 밤이 살짝 잠길 정도의 물을 붓는다. 베이킹소다 1작은술을 넣어 가열한다.

1 밤을 껍질째 뜨거운 물에 30분 정도 담가 뒀다가 겉껍질을 제거한다.

4 끓으면 중불에서 10분간 삶은 후, 체에 밭쳐 가볍게 씻는다.

2 소형 칼로 겉껍질에 칼집을 내고 속껍질에 상처가 생기지 않도록 벗겨 내듯 제거한다.

5 속껍질의 굵고 단단한 부분은 이쑤시개를 이용해 제거한다. 그다음 **3**, **4**단계를 2번 반복한다.

6 밤을 넣은 냄비에 밤이 살짝 잠길 정도의 물을 붓는다. 준비한 그래뉴당의 반을 넣고 가열한다.

9 남은 그래뉴당을 넣고 조금 더 조린다.

7 물이 끓으면 불을 줄이고 10분 정도 조린다.

10 오토시부타(조림용 뚜껑)를 덮어 10분 정도 끓인다. 단단한 정도를 확인해 필요한 만큼 더 조린다.

8 거품이 올라올 때마다 꼼꼼하게 걷어 낸다.

11 깨끗한 병에 담아 열기가 식으면 냉장 보관한다.

과일과 어울리는 **기본 크림**

기본 크림 **1**

크렘 샹티이(Crème Chantilly)

생크림에 설탕을 넣어 만든 이 크림은 과일 샌드위치에 들어가는 기본 크림입니다.
프랑스에 있는 샹티이성의 조리장이 고안해 낸 것에서 유래해 '샹티이'라는
이름이 붙었습니다. 유지방이 적으면 풀어지기 쉽기 때문에 유지방분 40% 이상의
크림을 사용할 것을 권장합니다. 곧바로 먹거나 가벼운 맛을 즐기고 싶을 때는
35% 정도의 제품을 써도 좋습니다.

재료(만들기 좋은 양)

생크림(이 레시피에서는 유지방분 42%를 사용)
······ 200㎖
그래뉴당※ ······ 16g

※ 책에서는 그래뉴당의 기본 분량을 생크림의 8%
로 잡았다. 절제된 단맛과 산뜻한 맛이 빵, 과일과
조화를 이룬다.

1 냉장고에서 막 꺼낸 차가운 생크림을 볼
에 담고 그래뉴당을 첨가한다. 이 볼을
얼음물을 넣은 다른 볼 위에 올려놓고 식
혀 가며 거품을 낸다.

3 거품을 너무 많이 내면 퍼석해지기 때문에
폭신한 느낌이 들기 시작하면 거품기로 질
감의 상태를 확인한다. 사진은 크림을 거
품기로 들었을 때 바로 떨어지지 않고 끝
이 부드럽게 휘어질 정도로 거품을 냈을
때의 모습이다. 핸드 믹서를 사용하면 순
식간에 뻑뻑해질 수 있으니 주의하자.

2 거품을 낼 때는 거품기를 사용한다. 뭉치
지 않고, 그래뉴당이 확실히 녹도록 골고
루 잘 섞어 준다.

4 조금 더 거품을 내면 거품기를 빼낼 때
끝이 뾰족하게 솟고 탄력과 윤기가 생기
는 상태가 된다. 이 이상 거품을 내면 분
리가 일어난다. 샌드위치에 쓴다면 분리
직전까지 확실히 거품을 내는 것이 좋다.

기본 크림 2
마스카르포네 & 생크림

기본적인 크렘 샹티이에 마스카르포네를 조합한 이 크림은 빵과의 궁합이
탁월합니다. 마스카르포네에 단맛을 가미할 때는 꿀을 쓰는 것이 포인트.
꿀의 감칠맛 나는 단맛과 은은한 산미가 마스카르포네의 풍미를 돋보이게 합니다.
생크림은 부드럽게 끝이 휘어질 정도로 거품을 낸 후 마스카르포네와 섞어 주세요.
처음부터 같이 넣고 거품을 내는 경우가 많은데, 그러면 쉽게 풀어져 버립니다.

재료(만들기 좋은 양)

생크림(이 레시피에서는 유지방분 42%를 사용)
······ 200㎖
그래뉴당 ······ 16g
마스카르포네※ ······ 200g
꿀 ······ 16g

※ 마스카르포네는 이탈리아의 프레시 치즈로, 산미
   가 적고 부드러워서 디저트에 많이 쓰인다. 과일
   샌드위치에 사용할 때는 마일드한 마스카르포네
   가 적합하다.

1 마스카르포네에 꿀을 잘 섞는다.

3 남아 있는 1을 넣고 골고루 섞어 준다.

2 생크림에 그래뉴당을 넣고 거품기로 들
   었을 때 바로 떨어지지 않고 끝이 부드럽
   게 휘어질 정도로 거품을 낸다(p.42의 만
   드는 법 **3** 참고). 1의 1/3을 더해 섞는다.

기본 크림 **3**

커스터드 크림

프랑스어로는 크렘 파티시에(Crème Pâtissière). 직역하면 '제과 장인의 크림'
이라는 뜻으로, 이름에서 알 수 있듯 제과에서 빼놓을 수 없는 크림입니다.
커스터드 크림을 단맛이 감도는 빵으로 감싼 크림빵은 일본에서 탄생했죠.
크림빵의 인기가 증명하듯 빵과 커스터드 크림의 궁합은 발군입니다.

재료(만들기 좋은 양)

달걀노른자 …… 3개
우유 …… 250ml
그래뉴당 …… 60g
박력분 …… 30g
무염 버터 …… 25g
바닐라빈 …… 1/3개

2 1에 박력분을 체에 쳐서 넣는다.

3 2가 엉기지 않도록 잘 섞는다.

1 노른자를 볼에 넣고 그래뉴당을 첨가한
다음, 재빨리 거품기로 하얗게 될 때까지
섞는다. 곧바로 섞지 않으면 그래뉴당이
노른자의 수분을 흡수해 입자가 남기 때
문에 주의해야 한다.

4 냄비에 우유와 바닐라빈을 넣는다. 바닐
라빈은 세로로 가르고 소형 칼로 속을 제
거한 후 깍지째 냄비에 넣는다. 끓기 직
전까지 가열한다.

5 4를 3에 넣고 신속하게 섞는다.

8 묵직하게 점성이 생겨도 멈추지 말고, 보글보글 끓어오르면 2~3분 더 끓여 준다. 조금 더 매끄러워지면 불을 끈다.

6 망이 촘촘한 체 혹은 시누아에 **5**를 내린다. 바닐라빈 깍지와 달걀의 알끈 등이 걸러져 전체적으로 부드러워진다.

9 무염 버터를 넣고 내열 주걱으로 재빨리 섞어 준다.

7 중불에 올려 거품기로 잘 저어 주며 가열한다. 걸쭉해지기 시작하면 냄비에 눌어붙어 타기 쉽기 때문에 계속 정성스럽게 저어 준다. 가열 도중 불에서 내려 골고루 저어 줘도 좋다.

10 완성된 커스터드 크림을 볼 또는 트레이에 옮긴다. 랩으로 반죽 위를 덮고 바닥쪽을 얼음물에 담가 급속 냉각시킨다. 열기가 식으면 냉장고에 넣는다.

커스터드 크림의 변형

레몬 커드

감귤류로 만드는 과일 커드(Fruit Curd)의 일종으로 과즙과
달걀, 설탕, 버터를 가열해 크림 상태로 만든 스프레드입니다.
달걀을 사용하기 때문에 여기에서는 커스터드의 응용으로 소개합니다.
레몬 외에도 오렌지나 감귤을 이용해 만들 수 있습니다. 확실한 산미와 단맛의
균형이 좋으며 매끄러운 질감과 감칠맛을 가지고 있습니다. 버터를 많이 넣으면 보다
진한 맛을 낼 수 있습니다. 취향에 따라 레시피의 2배 정도까지 양을 늘려도 좋습니다.

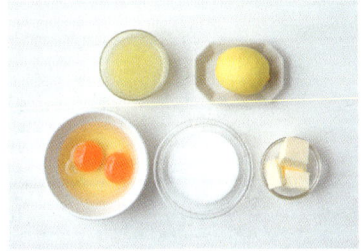

재료(만들기 좋은 양)

레몬즙(착즙 후 거른 것) …… 100㎖
레몬 껍질 …… 1개 분량
달걀 …… 2개
그래뉴당 …… 100g
무염 버터 …… 50g

＊ 내열 유리 볼을 사용해 중탕하면 불이 직
접 닿지 않아 실패 확률을 줄일 수 있다.

2 알끈을 제거한 달걀을 볼에 넣고 레몬즙
과 1을 첨가해 잘 섞어 준 다음 그래뉴당
을 넣는다.

3 그래뉴당을 넣은 후 곧바로 잘 섞어 준
다. 재빨리 섞지 않으면 그래뉴당이 노른
자의 수분을 흡수해 입자가 남기 때문에
주의해야 한다.

1 레몬은 잘 씻어 물기를 제거한 다음 껍
질의 노란 부분만 그레이터(p.55 참고)로
갈아 준다.

4 냄비에 물을 끓인 후 중탕으로 3을 데운
다. 달걀이 굳지 않도록 거품기로 계속
저어 준다.

5 한입 크기로 자른 무염 버터를 넣는다.

8 내열 주걱으로 저어 가며 찰지고 맑은 크림 상태가 될 때까지 중탕으로 가열한다.

6 무염 버터를 녹여 가며 거품기로 저어 유화시킨다.

9 망이 촘촘한 체 또는 시누아에 내리면 질감이 더욱더 매끄러워지지만 이 단계는 생략해도 괜찮다.

7 약불에서 가열하며 계속 젓는다.

10 끓는 물로 소독해 건조시킨 깨끗한 병에 담는다.

밀크 크림류의 변형

리코타 크림

리코타는 이탈리아의 프레시 치즈로, 치즈를 만들 때 나온 유청을 재가열해 굳힌 것입니다. 저지방 치즈이며 산뜻한 맛 속에 우유의 달달함을 느낄 수 있습니다. 꿀로 단맛을 더하고 소금을 넣어 맛을 잡아 주면 빵과의 밸런스가 좋아집니다. 포인트로 흑후추를 뿌리면 어른 입맛에도 잘 맞는 크림이 완성됩니다.

재료(만들기 좋은 양)
리코타 ······ 100g
꿀 ······ 16g
소금 ······ 한 꼬집
흑후추(굵게 간 것) ······ 소량

만드는 법
리코타에 꿀, 소금, 흑후추를 넣고 잘 섞어 준다.

마스카르포네 참깨 크림

마스카르포네에 꿀과 깨소금(흰색)을 넣어 주면 완성입니다.
연한 단맛이 풍기는 마스카르포네에 고소한 참깨 향이 더해져 친숙하면서도 색다른 맛이 납니다. 과일 샌드위치나 타르틴 등에 폭넓게 사용할 수 있으며 무화과, 살구, 감과의 조화가 특히 좋습니다.

재료(만들기 좋은 양)
마스카르포네 ······ 100g
깨소금(흰색) ······ 15g
꿀 ······ 10g

만드는 법
마스카르포네에 깨소금과 꿀을 넣고 잘 섞어 준다.

캐러멜 넛츠 크림치즈

캐러멜라이징한 넛츠의 고소함과 감칠맛 나는 크림치즈의 궁합이 훌륭합니다.
크림치즈의 은은한 소금기가 넛츠의 향과 달콤함을 끌어올립니다.
크림치즈의 탄탄한 질감은 부드러운 빵뿐만 아니라 단단한 빵에도 잘 어울립니다.

재료(만들기 좋은 양)

크림치즈 …… 100g
캐러멜 넛츠(p.21 참고) …… 50g
소금 …… 한 꼬집

만드는 법

크림치즈에 굵게 다진 캐러멜 넛츠와 소금을 넣고 잘 섞어 준다.

화이트 초콜릿 풍미의 건포도 버터

건포도 버터의 풍미, 화이트 초콜릿의 달콤함, 생크림의 부드러움이 조화롭게
어우러집니다. 이대로 빵에 바르기만 해도 고급스러운 스위츠가 만들어지죠.
럼주에 담가 둔 건포도를 사용하면 한층 기품 있는 맛이 납니다.
건무화과나 건살구 등 기호에 맞는 건과일을 이용해 다양한 맛을 즐겨 보세요.

재료(만들기 좋은 양)

화이트 초콜릿(중탕해 녹인 것) …… 50g
무염 버터(한입 크기) …… 50g
생크림 …… 50㎖
건포도 …… 40g

만드는 법

건포도는 뜨거운 물에 살짝 데친 후 체에 받쳐 물기를 뺀
다. 작은 냄비에 생크림을 데우고 화이트 초콜릿을 넣는
다. 무염 버터를 추가하고 표면 전체가 매끄러워질 때까
지 거품기로 저어 준다. 마지막으로 건포도를 넣어 섞고,
냄비째로 얼음물에 담가 열기가 없어질 때까지 식힌다.

넛츠를 활용한 크림

쇼콜라 페이스트

과일의 씨앗인 카카오 빈을 원재료로 한 초콜릿 역시 과일의 가공품이라 할 수
있습니다. 고급 초콜릿을 사용한 초콜릿 계열 스프레드는 어른을 위한 스위츠로
손색이 없죠. 생크림과 버터의 양을 조절해 취향에 맞는 최상의 맛을 찾아보세요.
생크림이 넉넉하게 들어가기 때문에 냉장고에서 바로 꺼내도 빵에 발라먹기 편합니다.

재료(1단위분)

비터 초콜릿※(카카오 함량 60% 이상) ⋯⋯ 100g
생크림(유지방분 42%) ⋯⋯ 200㎖
무염 버터 ⋯⋯ 30g
럼주 ⋯⋯ 1작은술

※ 카카오 함량이 적으면 식힌 후에도 잘 굳지 않을
　수 있기 때문에 카카오가 많이 들어간 비터 초콜
　릿을 사용한다.

1 생크림을 냄비에 넣고 끓기 직전까지 가
열한다. 불을 끈 후에 비터 초콜릿을 넣
고 잘 저어 주며 녹인다.

3 럼주를 추가해 잘 섞는다. 럼주의 양은 취
향에 따라 조절한다. 기호에 따라 브랜디
나 쿠앵트로 같은 양주를 사용해도 좋다.

2 잘게 자른 무염 버터를 넣고 거품기로 충
분히 저어 유화시킨다. 핸드블렌더를 사
용해도 좋다.

4 냄비째로 얼음물에 담가 거품기로 저어
주며 열기를 식힌다. 찰기가 생기면 용기
에 담아 냉장 보관한다.

아몬드 버터

최근 미국에서는 땅콩버터와 나란히 인기가 상승 중이며 비건 메뉴로도
주목받고 있습니다. 성능 좋은 블렌더만 있으면 쉽게 만들 수 있으니 기호에 맞는
다양한 넛츠를 사용해 보세요. 소금은 맛을 잡아 주기 위해 필요하지만,
설탕은 취향에 따라 꿀로 대체하거나 생략할 수도 있습니다.

재료(만들기 좋은 양)
아몬드(로스팅) …… 250g
사탕수수당 …… 25g
소금 …… 한 꼬집

만드는 법
아몬드, 사탕수수당. 소금을 블렌더에 넣고 부드러워질
때까지 돌려 준다. 여기에서는 알갱이가 약간 씹힐 정도
까지 갈았으나 오래 갈수록 부드러워지니 취향에 맞게 조
절하자.

쇼콜라 페이스트 + 라즈베리잼

프랑브아즈 쇼콜라 페이스트

재료(만들기 좋은 양)
쇼콜라 페이스트(p.50 참고) ……1단위분
라즈베리잼(p.33 참고) …… 100g

만드는 법
쇼콜라 페이스트와 라즈베리잼을 잘 섞어
준다. 여기에서는 골고루 잘 섞었지만 살짝
만 뒤적여 마블 상태로 만들어도 된다. 섞
는 정도에 따라 개성이 달라지고, 맛의 인
상도 변한다.

쇼콜라 페이스트 + 캐러멜 넛츠

캐러멜 넛츠 쇼콜라 페이스트

재료(만들기 좋은 양)
쇼콜라 페이스트(p.50 참고) ……1단위분
캐러멜 넛츠(p.21 참고) …… 50g

만드는 법
쇼콜라 페이스트에 굵게 다진 캐러멜 넛츠
를 넣고 잘 섞어 준다. 푸드 프로세서를 이
용해 캐러멜 넛츠를 분쇄해 사용할 수도
있으니 취향에 따라 선택한다.

과일 샌드위치의 법칙 과일과 빵의 조합법

과일 샌드위치를 만들기 전에 알아 두면 좋은 '조합의 기본'을 소개합니다.
이 법칙을 알면 과일의 개성을 충분히 살려 빵과 조합할 수 있습니다.

빵과 과일의 심플한 조합(단품 과일 샌드위치 만들기)

법칙 ① **부드럽고 촉촉한 심플한 빵을 사용한다**
사각 식빵이 기본. 뚜껑을 덮어 굽기 때문에 식감이 촉촉하고 부드럽다.
부드러운 과일과 식감의 밸런스가 좋아 재료를 듬뿍 넣어도 입안에서 기분 좋게 녹는다.

법칙 ② **과일은 단품을 사용한다**
과일과 빵의 맛을 제대로 느껴 보기 위해 먼저 단품의 과일을 조합한다.
맛과 식감에 부족함이 있으면 다른 재료를 추가한다.

법칙 ③ **과일의 개성을 끌어올리는 크림을 곁들인다**
마스카르포네 & 생크림을 베이스로 한다.
감칠맛과 향이 부족할 때는 커스터드 크림이나 잼으로 보완한다.

법칙 ④ **과일의 개성이 드러나는 단면을 만든다**
아름다운 단면이야말로 과일 샌드위치의 큰 매력이다.
과일의 맛과 식감을 충분히 살려 한눈에 어떤 과일이 들어 있는지 알 수 있게 신경 써서 만든다.
예 여러 종류의 딸기 과일 샌드위치(p.58~69 참고)

여러 과일과의 조합(과일 믹스 샌드위치 만들기)

법칙 ⑤ **색감을 살린다**
색이 다른 여러 종류의 과일을 사용하면 화려한 과일 믹스 샌드위치가 완성된다.
의도적으로 비슷한 계열의 색상을 써서 섬세한 색의 그러데이션을 즐겨도 좋다.
예 과일 믹스 샌드위치(p.70~75 참고)

법칙 ⑥ **맛의 방향성을 통일시킨다**
베리류, 트로피컬류, 감귤류 등 비슷한 계열의 과일을 조합한다.
같은 계절에 나는 과일을 여러 개 조합하면 맛의 밸런스를 맞추기 쉽다.
싱싱한 오렌지, 마멀레이드, 오렌지 껍질 등 하나의 과일을 다양하게 가공한 재료를 조합해
다채로운 맛을 즐기는 것도 좋은 방법이다.
예 계절 과일을 믹스한 샌드위치(p.76~79 참고)

법칙 ⑦ **맛과 식감이 상반되는 재료를 조합한다**
단맛이 강한 쫀득한 바나나에 오독오독 씹히는 고소한 넛츠를 가미해 포인트를 주거나
짭짤한 베이컨을 추가하는 등 개성 강한 여러 식재료를 조합해 매력적인 시너지 효과를 낸다.
예 바나나와 땅콩버터, 베이컨이 들어간 따뜻한 샌드위치(p.111 참고)

STEP 3 | 과일을 인기 샌드위치의 포인트로 사용(과일 샌드위치의 폭 넓히기)

법칙 ⑧ | **맛을 보완하는 포인트로 사용한다**

익숙한 조합에 건과일이나 잼, 넛츠를 살짝 더해 주면 단맛과 신맛, 식감에 훌륭한 포인트가 된다.
그대로 사용해도 되고 머스터드나 소스에 잼을 섞어도 좋다. 위화감 없이 맛이 업그레이드된다.
(예) 과일이 멋진 조연으로! 세계의 샌드위치(p.153~169 참고)

과일을 사용한

크리스마스 발효 과자

유럽에는 전통 행사와 관련된 다양한 과자와 빵이 있습니다.
과일을 듬뿍 사용한 것으로는 크리스마스 발효 과자가 유명하죠.
그중 독일, 프랑스, 이탈리아의 대표적인 발효 과자를 소개합니다.

슈톨렌(Stollen)

독일 사람들이 크리스마스 시즌에 즐겨 먹는 발효 과자. 건과일이나 넛츠를 듬뿍 넣고 특유의 모양으로 구워 낸다. 사용하는 식재료에 따라 다양한 종류가 있다. 한국에서는 베이커리의 크리스마스 인기 제과로 서서히 자리 잡고 있다. 얇게 슬라이스해 먹는다.

베라베카(Berawecka)

프랑스 알자스 지역의 크리스마스 파티에 빠지지 않는 발효 빵. 알자스어로 '서양배의 작은 빵'이라는 의미로 bireweck, bierewecke 등 다양한 표기가 있다. 이름 그대로 서양배가 많이 들어가고. 여러 종류의 건과일이 사용된다. 발효 반죽 양에 비해 압도적으로 많은 양의 건과일이 들어가 있으며 얇게 슬라이스해 먹는다.

파네토네(Panettone)

이탈리아 밀라노의 전통적인 발효 빵. 피네토네종(이탈리아 북부의 전통적인 발효종)을 사용하며 버터, 계란, 설탕이 들어간 리치한 반죽에 건과일을 더한다. 원래는 크리스마스 시즌에 먹는 빵이지만 요즘은 일 년 내내 즐길 수 있다. 입안에서 부드럽게 녹아 아침 식사나 간식용으로도 인기가 높다. 원하는 크기로 잘라 먹는다.

과일용 도구

과일을 자르고 조리하는 방법은 매우 다양하며 각 쓰임에 맞는 도구들이 있습니다.
전용 도구를 사용하면 조리가 매우 쉬워지고 시간도 단축됩니다.
이 책에서 사용하는 일부 도구와 갖춰 두면 편리한 아이디어 상품들을 소개합니다.

바나나 커터

바나나의 곡선에 맞춰 디자인된 도구. 껍질을 벗긴 바나나 위에서 눌러 주면 균일한 두께로 자를 수 있다. 바나나를 토스트 위에 올릴 때, 균등한 두께로 사용하고 싶을 때 쓰면 좋다.

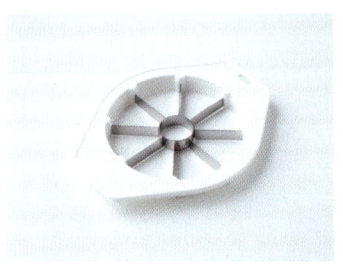

사과 커터

사과 위에 놓고 양손을 사용해 수직으로 내리면 예쁜 빗 모양으로 잘린다. 심도 함께 제거할 수 있기 때문에 많은 양을 고르게 자를 때 유용하다. 사진 속 도구는 8등분용이며 10등분용도 있다.

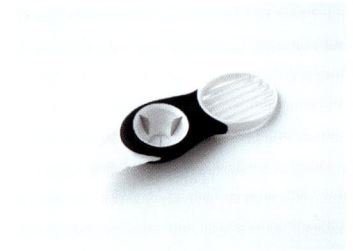

아보카도 커터

끝이 뾰족한 쪽으로 아보카도를 껍질째 자르고 중앙의 둥그런 날을 사용해 씨를 제거, 원형 슬라이서로 퍼내면 껍질을 따로 벗기지 않고 슬라이스할 수 있다. 아보카도를 자주 먹는 사람에게는 유용한 도구이다.

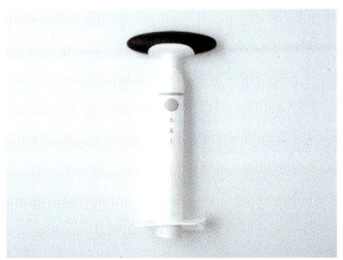

파인애플 슬라이서

파인애플의 위아래 밑동을 잘라 내고 중심에 꽂아 핸들을 돌리면 껍질과 심을 제거하고 과육을 자를 수 있다. 한 번에 동그란 모양으로 잘리는 것이 아니라 긴 나선 모양으로 이어져 나오기 때문에 사용 목적에 따라 한 번 더 잘라 사용한다.

심 제거기

사과나 서양배의 심을 제거할 때 편리하다. 심이 위치한 중심부에 잘 맞춰 깊게 꽂은 후 빼내면 심이 제거된다. 작은 크기의 파인애플에도 사용 가능하다.

과일 데코레이터

동그란 미니 스쿱과 장식용 커팅 및 꼭지 제거에 사용하는 V자 칼이 세트로 되어 있어 손쉽게 과일 장식 썰기를 할 수 있다. 과일 볼러, 화채 스푼 등으로 불리기도 한다.

딸기 꼭지 제거기

딸기의 꼭지를 떼어 내는 동시에 밑동의 단단한 부분까지 제거할 수 있다. 딸기 품종에 따라 필요 없는 경우도 있으나 심이 단단한 딸기에 사용하면 편하다.

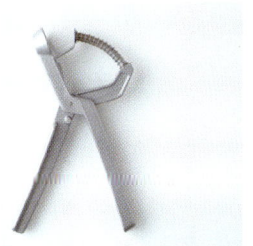

체리, 올리브 씨 제거기

체리나 올리브의 씨를 제거하기 위한 전용 도구. 움푹한 곳에 꼭지를 딴 체리(혹은 올리브)를 넣고 핸들을 쥐면 씨가 빠진다. 체리 콩포트나 잼. 샌드위치를 만들 일이 많다면 꼭 하나 마련해 두자.

제스터 / 그레이터

감귤류의 껍질을 잘게 갈 때 쓰면 편리한 도구로, 기분 좋게 갈린다. 감귤류 외에도 넛츠나 하드 치즈, 혹은 생강. 마늘 같은 향미 채소에 사용할 수 있다. 사용 빈도가 높아 가지고 있으면 유용한 도구 중 하나다.

레몬 착즙기

반으로 자른 레몬을 둥근 부분에 넣고 핸들을 쥐면 과즙이 나온다. 위에서 눌러 돌리는 타입에 비해 힘이 덜 들고 착즙도 잘 된다.

호두 까기 도구

곡선으로 파인 부분에 호두를 껍질째 끼우고 핸들을 강하게 쥐면 딱딱한 껍질이 깨진다. 큰 홈 부분은 호두에. 작은 홈은 은행이나 아몬드 등에 쓸 수 있다. 살구씨에서 행인을 빼낼 때도 편리하다.

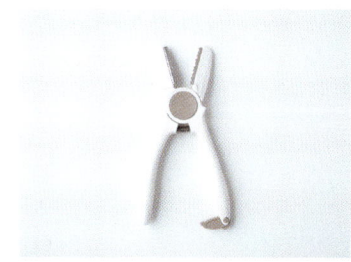

밤 가위

손이 많이 가는 밤껍질 제거의 수고를 덜어 주는 편리한 전용 가위. 힘의 강도에 따라 겉껍질만 벗길 수도, 속껍질까지 제거할 수도 있다. 두어 번 써 보면 요령이 생겨 손질 속도가 빨라진다. 안전을 위해 장갑을 끼고 사용하는 것이 좋다.

구리 냄비

열전도율이 높은 구리 냄비는 잼을 만들기에 적합하다. 냄비 전체의 온도가 균일해져 짧은 시간에 끓일 수 있기 때문에 과일의 신선함이 유지되어 선명한 색으로 완성된다. 구리는 산화되면 퍼렇게 녹이 슬기 쉽다. 변색되면 소금과 식초를 섞은 액체를 스펀지에 묻혀 부드럽게 닦아 준다.

법랑 냄비

법랑은 그을음이 잘 생기지 않고 산에도 강하기 때문에 식재료의 색과 맛에 영향을 덜 끼친다. 냄새와 색이 배지 않아 위생적이다. 구리 냄비에 비해 관리가 쉽기 때문에 가정용 냄비로 추천한다.

잼 깔때기

완성된 잼을 병에 담을 때 병 입구에 끼워 사용한다. 일반적인 깔때기에 비해 입구가 넓어 걸쭉한 잼을 옮길 때 막히지 않아 좋다. 밖으로 흘러내릴 염려도 적기 때문에 잼이 식기 전에 신속하게 병에 담을 수 있다.

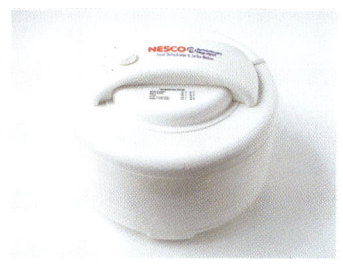

식품 건조기(디하이드레이터)

식재료에 따뜻한 바람을 가해 수분을 날리는 건조기. 집에서 직접 건과일을 만들 때 사용한다. 자연 건조는 기온과 습도의 영향을 많이 받아 컨트롤이 어렵기 때문에 이 도구를 쓰면 더욱더 안정적으로 만들 수 있다. 온도와 시간에 따라 건조 정도를 조절할 수 있는 것도 장점이다.

02

빵에 과일을
넣는다

딸기 ✕ 식빵

단면이 동글동글

딸기가 통째로 들어간 샌드위치

딸기와 크림의 조합이야말로 과일 샌드위치의 기본이라 할 수 있습니다.
새콤달콤한 딸기는 식빵, 크림과 매우 잘 어울리며 딸기의 빨간색과 크림의 하얀색이
대비를 이뤄, 보기만 해도 맛있는 비주얼이 연출됩니다. 딸기를 가로 방향으로 자르면
동그란 단면이 드러나 통통한 딸기의 귀여움이 더욱더 돋보입니다.

딸기가 통째로 들어간 샌드위치

식빵, 크림 그리고 딸기. 똑같은 조합, 똑같은 양이라도 딸기를
어떻게 배열하느냐에 따라 완성 시의 비주얼이 확 달라집니다.
심플한 조합인 만큼 딸기 본연의 맛과 단면의 모양에 집중해 만들어 보세요.
큰 딸기를 세로 방향으로 자르면 존재감이 한층 더 두드러집니다.

딸기 × 식빵

단면이 동글동글 【딸기가 통째로 들어간 샌드위치 만들기】

크림을 가운데에 올린 후 네 모서리를 향해
얇게 펴 바른다.

재료(1세트)

사각 식빵(8장들이) ······ 2장
마스카르포네 & 생크림(p.43 참고) ······ 50g(25g+25g)
딸기(L 사이즈) ······ 4개

식용 알코올을 분무한 페이
퍼 타월로 표면을 깨끗하게
닦는다.

만드는 법

1. 딸기 꼭지를 딴다. 딸기 하나는 세로로 4등분한다.

2. 식빵 한 장의 한쪽 면에 마스카르포네 & 생크림
25g을 바른다. 마스카르포네 & 생크림을 가운데 올린
후 네 모서리를 향해 얇게 펴 바른다. 빈틈없이 고르게
바른다.

3. 사진을 참고해 2의 중앙선에 딸기 3개를 가로로 올
린다. 딸기의 뾰족한 부분과 꼭지의 방향이 교차하도록
놓고, 딸기의 크고 동그란 부분이 자르는 면에 오도록
맞춘다. 1에서 4등분한 딸기를 양쪽에 두 개씩 올린다.

4. 남은 식빵의 한쪽 면에 마스카르포네 & 생크림 25g
을 2와 같이 바르고 3에 포갠다. 위에서 손바닥으로 지
그시 눌러 크림과 과일이 잘 어우러지도록 한다.

5. 식빵의 테두리를 제거하고 반으로 자른다.

조합의 포인트

딸기와 빵 사이에 크림이 골고루 채워지도록 손바닥으
로 식빵 전체를 지그시 누른 후에 잘라 주세요.

딸기의 동그란 단면을 잘 살리려면 배열에 신경 써야
합니다. 잘랐을 때의 밸런스를 생각하며 같은 사이즈의
단면이 자르는 선 위에 오도록 딸기를 올려 주세요. 모
두 같은 방향으로 올리지 말고, 꼭지 부분과 뾰족한 쪽
이 교차하도록 놓아 주세요.

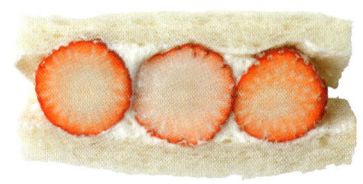

단면이 세모 모양 【딸기가 통째로 들어간 샌드위치 만들기】

크림을 가운데에 올린 후 네 모서리를 향해
얇게 펴 바른다.

재료(1세트)

사각 식빵(8장들이) …… 2장
마스카르포네 & 생크림(p.43 참고) …… 50g(25g+25g)
딸기(L 사이즈) …… 4개

만드는 법

1. 딸기 꼭지를 딴다. 딸기 하나는 세로로 4등분한다.

2. 식빵 한 장의 한쪽 면에 마스카르포네 & 생크림 25g을 바른다. 마스카르포네 & 생크림을 가운데 올린 후 네 모서리를 향해 얇게 펴 바른다. 빈틈없이 고르게 바른다.

3. 사진을 참고해 **2**의 중앙선에 딸기 3개를 세로 방향으로 올린다. 자르는 면에 딸기의 중심선이 오도록 맞춘다. **1**에서 4등분한 딸기를 양쪽에 두 개씩 올린다.

4. 남은 식빵의 한쪽 면에 마스카르포네 & 생크림 25g을 **2**와 같이 바르고 **3**에 포갠다. 위에서 손바닥으로 지그시 눌러 크림과 과일이 잘 어우러지도록 한다.

5. 식빵의 테두리를 제거하고 반으로 자른다.

조합의 포인트

딸기 단면이 세로인 샌드위치를 만들 때는 딸기의 뾰족한 부분이 중앙에 나란히 놓이도록 해 주세요. 뾰족한 삼각형 모양의 딸기보다 끝부분이 사다리꼴인 딸기가 잘랐을 때의 실패 확률이 낮아 사용하기 더 좋습니다.

딸기 × 식빵

단면이 사선

슬라이스 딸기 샌드위치

적은 양으로 임팩트 강한 단면을 드러내고 싶을 때는 딸기를 얇게 잘라 쓰는 것도 좋은
방법입니다. 사이즈만 큼직하면 딸기 2개만으로도 충분한 존재감을 표현할 수 있습니다.
바닐라 향의 커스터드와 기본 크림을 조합하면 고급스러운 스위츠 느낌이 나는
훌륭한 밸런스의 샌드위치가 탄생합니다.

둥글게 썬 딸기 샌드위치

얇은 식빵에 둥글게 슬라이스한 딸기를 나란히 배열한 고급스러운 맛의 샌드위치.
볼륨감이 작아 눈에 확 띄는 임팩트는 없지만 밸런스 면에서는 가장 탁월한 조합입니다.
빵과 크림, 딸기가 한데 어우러져 훌륭한 맛의 조화를 느낄 수 있습니다.

딸기 × 식빵

단면이 사선 【슬라이스 딸기 샌드위치 만들기】

재료(1세트)

사각 식빵(10장들이) …… 2장
마스카르포네 & 생크림(p.43 참고) …… 20g
커스터드 크림(p.44∼45 참고) …… 20g
딸기(L 사이즈) …… 2개

만드는 법

1. 딸기의 꼭지를 따고 세로 방향으로 5등분하여 슬라이스한다.

2. 식빵 한 장의 한쪽 면에 커스터드 크림을 바르고 사진을 참고해 **1**을 배열한다.

3. 마스카르포네 & 생크림을 바른 다른 한 장의 식빵을 포갠다. 위에서 손바닥으로 지그시 눌러 크림과 과일이 잘 어우러지도록 한다.

4. 식빵의 테두리를 제거하고 3등분으로 자른다.

조합의 포인트

딸기는 세로 방향으로 슬라이스한 후, 일정한 간격으로 살짝씩 겹치도록 배열해 주세요. 딸기의 가장 넓은 부분이 자르는 위치에 오도록 하면 단면에 볼륨감이 생깁니다.

단면이 가로줄 【둥글게 썬 딸기 샌드위치 만들기】

재료(1세트)

사각 식빵(8장들이) …… 2장
마스카르포네 & 생크림(p.43 참고) …… 40g(20g+20g)
딸기(M 사이즈) …… 3개

만드는 법

1. 딸기의 꼭지를 따고 5mm 두께로 둥글게 썬다.

2. 각 식빵의 한쪽 면에 마스카르포네 & 생크림을 20g
씩 바르고, 한 장의 식빵 위에 **1**을 겹치지 않게 배열한
후 남은 식빵을 포갠다. 위에서 손바닥으로 지그시 눌
러 크림과 과일이 잘 어우러지도록 한다.

3. 식빵의 테두리를 제거하고 3등분으로 자른다.

조합의 포인트

자르는 위치에 커다랗고 균일한 크기의 딸기를 올리면
단면이 예쁘게 나옵니다.

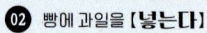
딸기 × 식빵

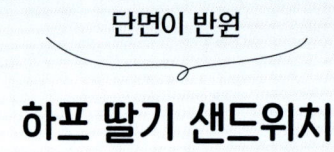

단면이 반원

하프 딸기 샌드위치

딸기의 과즙을 충분히 느끼고 싶지만 통째로 먹기는 불편할 때, 그럴 때는 딸기를 반으로
잘라 사용해 봅시다. 반원 모양의 딸기가 나란히 줄지어 있는 모습이 인상적입니다.
노란색의 커스터드 크림과 하얀색의 기본 크림이 어우러져 대비되는 색감을 즐길 수 있죠.
단면도 예쁘고 먹기도 편한 것이 이 샌드위치의 매력입니다.

데굴데굴 딸기 샌드위치

딸기를 아낌없이 사용해 존재감 넘치는 주연으로 만들고 싶을 때, 비주얼이 강조된 연출을
하고 싶을 때는 이 방법이 적격입니다. 큼직한 딸기 6개를 넉넉히 사용합니다.
딸기의 위치만 잘 잡으면 자를 때 실패할 확률이 낮다는 점도 추천할 만한 포인트입니다.
마지막 단계인 자르기가 서툰 분들은 꼭 한번 도전해 보세요.

딸기 × 식빵

단면이 반원 【하프 딸기 샌드위치 만들기】

재료(1세트)

사각 식빵(10장들이) …… 2장
마스카르포네 & 생크림(p.43 참고) …… 20g
커스터드 크림(p.44~45 참고) …… 20g
딸기(M 사이즈) …… 3개

만드는 법

1. 딸기 꼭지를 따고 세로로 2등분한다.

2. 식빵 한 장의 한쪽 면에 커스터드 크림을 바른 후 사진을 참고해 **1**을 나열한다.

3. 마스카르포네 & 생크림을 바른 다른 한 장의 식빵을 포갠다. 위에서 손바닥으로 지그시 눌러 크림과 과일이 잘 어우러지도록 한다.

4. 식빵의 테두리를 제거하고 3등분으로 자른다.

조합의 포인트

가로로 잘랐을 때의 밸런스를 고려해, 균등한 사이즈의 단면이 나오도록 나열합니다. 딸기를 모두 같은 방향으로 두지 말고 꼭지 부분과 뾰족한 쪽이 교차하도록 놓아 주세요.

단면이 입체적 【데굴데굴 딸기 샌드위치 만들기】

재료(1세트)

사각 식빵(8장들이) …… 2장
마스카르포네 & 생크림(p.43 참고) …… 40g(20g+20g)
커스터드 크림(p.44~45 참고) …… 20g
딸기(L 사이즈) …… 6개

만드는 법

1. 딸기의 꼭지를 딴다. 딸기 하나는 세로 방향으로 4등분해 잘라 둔다.

2. 식빵 한 장의 한쪽 면에 커스터드 크림을 바르고, 그 위에 마스카르포네 & 생크림 20g을 덧발라 준다. 마스카르포네 & 생크림은 가운데에 올린 후 네 모서리를 향해 얇게 퍼 바른다. 사진을 참고해 **1**을 배열한다.

3. 한쪽 면에 마스카르포네 & 생크림 20g을 바른 다른 한 장의 빵을 포갠다. 위에서 손바닥으로 지그시 눌러 크림과 과일이 잘 어우러지도록 한다.

4. 식빵의 테두리를 제거하고 X자로 4등분한다.

조합의 포인트

정중앙에 제일 큰 딸기를 올리고 모서리 쪽으로 갈수록 두께가 얇아지도록 뾰족한 부분을 모서리로 향하게 배열합니다.

과일 믹스×식빵

대담한 커링

알록달록 과일 믹스 샌드위치

딸기의 빨간색, 키위의 녹색, 황도의 노란색 그리고 바나나의 크림색까지, 네 가지 색의
조화가 인상적인 과일 믹스 샌드위치는 자른 후 단면을 보면 탄성이 절로 나옵니다.
대담하게 여러 재료를 사용한 만큼 색감이 화려하며 그 속에서 과일 하나하나의 맛을
제대로 음미할 수 있습니다.

깔끔한 과일 믹스 샌드위치

같은 재료의 조합이라도 배열 방식과 자르는 법을 달리하면 인상이 확 바뀝니다.
과일을 슬라이스해 넣으면 고급스러운 느낌이 들죠. 2단으로 쌓으면
다양한 과일을 동시에 맛볼 수 있어 과일 믹스 샌드위치라는 이름에 걸맞은,
폭넓은 맛을 즐길 수 있습니다.

과일 믹스 × 식빵

대담한 커팅 [알록달록 과일 믹스 샌드위치 만들기]

재료(1세트)

사각 식빵(8장들이) …… 2장
마스카르포네 & 생크림(p.43 참고) …… 45g(20g+25g)
커스터드 크림(p.44~45 참고) …… 20g
딸기 …… 2개
황도 통조림(2절) …… 1조각
키위(세로로 4등분/p.27 자르는 법 6 참고) …… 1/4개
바나나 …… 1/2개

만드는 법

1. 과일을 자른다. 딸기 한 개는 세로로 2등분한다. 황도(통조림)는 반으로 자르고, 그중 하나를 다시 반으로 자른다.

2. 식빵 한 장의 한쪽 면에 커스터드 크림을 바른다. 그 위에 마스카르포네 & 생크림 20g을 덧바른다.

3. 사진을 참고해 **2**에 과일을 올린다.

4. 다른 식빵의 한쪽 면에 마스카르포네 & 생크림 25g을 바르고 **3**에 포갠다. 위에서 손바닥으로 지그시 눌러 크림과 과일이 잘 어우러지도록 한다.

5. 식빵의 테두리를 제거하고 반으로 자른다.

조합의 포인트

과일 믹스 샌드위치를 조합할 때는 하나하나의 과일 색을 선명하게 드러내는 배열과 순서가 가장 중요합니다. 최상의 밸런스를 찾아봅시다.

고급스러운 슬라이스 【깔끔한 과일 믹스 샌드위치 만들기】

재료(1세트)

사각 식빵(10장들이) ······ 3장
마스카르포네 & 생크림(p.43 참고) ······ 80g(20g×4)
딸기 ······ 1개
황도 통조림(2절) ······ 1조각
키위(p.27 자르는 법 5 참고) ······ 8mm 슬라이스 2개
바나나 ······ 1/4개

만드는 법

1. 과일을 자른다. 딸기는 세로로 2등분하고, 황도(통조림)는 8mm 두께로 슬라이스한다.

2. 식빵 한 장의 한쪽 면에 마스카르포네 & 생크림 20g을 바른다.

3. 사진을 참고해 딸기와 바나나를 올리고 마스카르포네 & 생크림 20g을 바른 다른 한 장의 식빵을 포갠다.

4. 3위에 마스카르포네 & 생크림 20g을 바르고 황도(통조림)와 키위를 올린 후, 한쪽 면에 마스카르포네 & 생크림 20g을 바른 마지막 식빵을 포갠다. 위에서 손바닥으로 지그시 눌러 크림과 과일이 잘 어우러지도록 한다.

5. 식빵의 테두리를 제거하고 3등분으로 자른다.

조합의 포인트

과일의 두께를 고르게 해야 단면이 예쁘게 나옵니다. 딸기와 바나나가 너무 크다면 반으로 자르지 말고 키위, 황도와 같은 두께로 잘라 봅시다.

과일 믹스 × 식빵

단면이 입체적인 과일 믹스 샌드위치

대각선을 따라 작은 세모 모양으로 자른 샌드위치는 그릇에 담았을 때 그 입체감이 두드러집니다.
가운데에 위치한 재료의 인상이 가장 강조되기 때문에 메인으로 내세우고 싶은 과일을 잘 골라 보세요.
고민이 된다면 큼직한 사이즈의 딸기를 추천합니다. 한 개만 넣어도 비주얼이 확 살아날 거예요.

재료(1세트)

사각 식빵(8장들이) …… 2장
커스터드 크림(p.44~45 참고) …… 30g
마스카르포네 & 생크림(p.43 참고)
…… 30g(5g+25g)
딸기 …… 1개
황도 통조림(2절) …… 1/2조각
키위(세로로 4등분) …… 1/4개
바나나 …… 1/3개

만드는 법

1. 식빵 한 장의 한쪽 면에 커스터드 크림을 바르고, 과일을 얹는다. 딸기를 중앙에 놓고 사진을 참고해 반으로 자른 황도(통조림)를 대각선 위에 올린 후 다른 한쪽에 키위와 바나나를 하나씩 놓는다.

2. 딸기와 키위, 딸기와 바나나 사이에 마스카르포네 & 생크림 5g을 짜 준다.

3. 다른 한 장의 식빵에 마스카르포네 & 생크림 25g을 바르고 **2**에 포갠다. 위에서 손바닥으로 지그시 눌러 크림과 과일이 잘 어우러지도록 한다.

4. 식빵의 테두리를 제거하고 X자로 4등분한다.

단면이 사선인 과일 믹스 샌드위치

얇은 빵에 적당한 양의 과일을 조합하면 밸런스가 탁월한 샌드위치를 만들 수 있습니다.
예쁜 단면의 포인트는 슬라이스의 두께를 균일하게 하는 것입니다.
과일 각각의 개성을 직접적으로 느낄 수 있습니다.

재료(1세트)

사각 식빵(10장들이) ······ 4장
마스카르포네 & 생크림(p.43 참고)
······ 80g(10g×8)
딸기 ······ 2개
황도 통조림(2절) ······ 1/2조각
키위(반달 모양 슬라이스/p.27 자르는 법 5 참고)
······ 1/4개
몽키 바나나 ······ 1개

만드는 법

1. 과일은 5mm 두께로 슬라이스한다.

2. 식빵은 미리 테두리를 제거하고 반으로 자른다. 자른 빵들의 한쪽 면에 마스카르포네 & 생크림을 10g씩 바르고 과일을 한 종류씩 넣는다.

3. 가로로 길게 반 자른다.

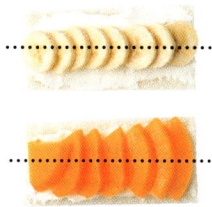

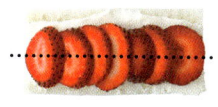

계절 과일 × 식빵

베리 믹스 샌드위치

딸기를 메인으로 하여 3종류의 베리를 조합한 매력적인 샌드위치. 은은한 산미가 있는 호밀빵과
새콤달콤한 베리의 신선하고 산뜻한 조합이 일품이죠. 갈색 빵과의 조화로운 색 배합이 눈길을 끕니다.

재료(1세트)

호밀 식빵(12장들이) …… 3장
마스카르포네 & 생크림(p.43 참고)
…… 80g(20g×4)
딸기 …… 4개
라즈베리 …… 4개
블루베리 …… 8개

만드는 법

1. 식빵 한 장의 한쪽 면에 마스카르포네 & 생크림 20g을 바른다. 사진을 참고하여 세로로 2등분한 딸기를 올린다. 자르는 위치를 고려해 배열한다. 마찬가지로 한쪽 면에 마스카르포네 & 생크림 20g을 바른 식빵 한 장을 포갠다. 위에서 손바닥으로 지그시 눌러 크림과 과일이 잘 어우러지도록 한다.

2. 1 위에 마스카르포네 & 생크림 20g을 바르고, 사진을 참고해 블루베리와 라즈베리를 얹는다. 한쪽 면에 마스카르포네 & 생크림 20g을 바른 마지막 식빵을 포갠다. 위에서 손바닥으로 지그시 눌러 크림과 과일이 잘 어우러지도록 한다.

3. 식빵의 테두리를 제거하고 3등분으로 자른다.

트로피컬 과일 믹스 샌드위치

망고, 파인애플, 바나나를 카소나드와 럼주, 민트로 마리네하면 색다르면서도 어른스러운 맛이 납니다. 모히토를 연상시키는 향기가 신선하죠. 더운 계절에 차갑게 먹으면 좋은, 어른들을 위한 샌드위치입니다.

재료(1세트)

사각 식빵(8장들이) …… 2장
마스카르포네 & 생크림(p.43 참고)
…… 40g(20g+20g)
망고(p.25 자르는 법 6 참고)
…… 8mm 슬라이스 3장(60g)
파인애플(p.27 자르는 법 6 참고)
…… 은행잎 모양으로 썬 것 4장(40g)
바나나 …… 1/2개를 8mm 두께로
길게 슬라이스한 것 2개(40g)
카소나드※ …… 2작은술
럼주 …… 2작은술
민트 …… 적당량

만드는 법

1. 과일을 트레이에 넣고 카소나드와 럼주를 뿌린다. 잘게 다진 민트를 넣고 골고루 섞은 후 15분 정도 둔다.

2. 각 식빵의 한쪽 면에 마스카르포네 & 생크림을 20g씩 바르고 **1**을 그사이에 넣는다. 위에서 손바닥으로 지그시 눌러 크림과 과일이 잘 어우러지도록 한다.

3. 식빵의 테두리를 제거하고 3등분으로 자른다. 얇게 썬 민트를 뿌려 마무리한다.

※ 카소나드는 사탕수수 원당 100%의 프랑스산 황설탕으로, 바닐라와 비슷한 향이 나며 깊이 있는 달콤함이 특징이다. 없을 경우 다른 사탕수수당으로 대체해도 좋다.

넛츠 & 과일 믹스 × 식빵

밤 & 과일 믹스 샌드위치

밤 속껍질 조림, 샤인머스캣 그리고 감. 가을의 과일을 아낌없이 조합한 넛츠 & 과일 믹스 샌드위치는
참깨 풍미의 마스카르포네가 어우러져 일본풍 맛이 납니다. 호지차와 잘 어울립니다.

재료(1세트)

사각 식빵(8장들이) …… 2장
마스카르포네 참깨 크림(p.48 참고) …… 25g
마스카르포네 & 생크림(p.43 참고) …… 25g
밤 속껍질 조림(p.40~41 참고) …… 1개
감(p.26 자르는 법 4 참고)
…… 은행잎 모양으로 썬 것 5장(45g)
샤인머스캣 …… 3알
깨소금(흰색) …… 소량

만드는 법

1. 감 슬라이스 5장 중 1장은 4등분해 둔다.
샤인머스캣 3알 중 한 알은 반으로 자른다.

2. 식빵 한 장의 한쪽 면에 마스카르포네 참깨
크림을 바르고 중앙에 밤 속껍질 조림을 올린
다. 사진을 참고해 한쪽 대각선의 양쪽에 감을
2장씩 놓고, 다른 대각선에 샤인머스캣 한 알
반씩을 얹는다. 1에서 4등분해 둔 감으로 빈 곳
을 채운다.

3. 남은 식빵의 한쪽 면에 마스카르포네 & 생
크림을 바르고 **2**에 포갠다. 위에서 손바닥으로
지그시 눌러 크림과 과일이 잘 어우러지도록
한다.

4. 식빵의 테두리를 제거하고 X자로 4등분한
다. 깨소금을 뿌려 마무리한다.

넛츠 & 건과일 믹스 샌드위치

캐러멜라이즈한 넛츠를 듬뿍 넣은 크림치즈를 메인으로 버터와 살구잼을 조합합니다. 단맛과 산미의
대비, 넛츠의 식감과 은은하게 감도는 쌉쌀함이 한데 어우러져 어른스러운 맛을 풍깁니다.
빵을 토스팅하면 넛츠의 향이 한층 살아납니다.

재료(1세트)

통밀 식빵(8장들이) …… 2장
무염 버터 …… 4g
살구잼(p.28~29 참고) …… 25g
캐러멜 넛츠 크림치즈(p.49 참고) …… 85g

만드는 법

1. 통밀 식빵을 살짝 구워 준다.

2. 식빵 한 장의 한쪽 면에 캐러멜 넛츠 크림
치즈를 바른다. 다른 식빵의 한쪽 면에 무염
버터를 바르고, 그 위에 살구잼을 덧바른 후
두 장의 빵을 포갠다.

3. 식빵의 테두리를 제거하고 3등분으로 자
른다.

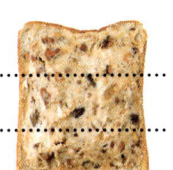

체리 ✕ 식빵

일본산 체리는 고급스러운 달콤함과 섬세한 맛이 특징입니다. 커스터드 크림을 조금 넉넉히 사용하는 것이 포인트로, 부드러운 달콤함이 배가되어 체리의 풍미를 끌어올려 줍니다. 배열에 신경을 써야 재료의 매력을 충분히 살린 단면을 만들어 낼 수 있습니다. 가능하다면 사이즈가 큰 체리를 골라 사용해 주세요.

동글동글 체리 샌드위치

재료(1세트)

사각 식빵(8장들이) ······ 2장
커스터드 크림(p.44~45 참고) ······ 30g
마스카르포네 & 생크림(p.43 참고) ······ 20g
체리※ ······ 11개
피스타치오(슈퍼 그린) ······ 2g

※ 홍수봉을 사용. 좌등금을 써도 좋다.

만드는 법

1. 씨 제거기(p.55 참고)를 사용해 체리의 씨를 제거한다. 2개는 반으로 잘라 둔다.

2. 식빵 한 장의 한쪽 면에 커스터드 크림을 바르고 사진을 참고해 1을 배열한다. 대각선으로 체리 9개를 올리고 반으로 잘라 둔 체리로 빈 곳을 채운다.

3. 다른 식빵의 한쪽 면에 마스카르포네 & 생크림을 바르고 2에 포갠다.

4. 식빵의 테두리를 제거하고 X자로 4등분한다.

5. 굵게 다진 피스타치오를 뿌려 마무리한다.

체리의 씨를 제거하면 세로 방향으로 구멍이 뚫리기 때문에 샌드위치를 자르는 방향과 구멍의 방향이 수직이 되도록(잘랐을 때 구멍이 가운데에 오도록) 한다.

아메리칸 체리 ✕ 식빵

색도 단맛도 진한 아메리칸 체리. 안쪽까지 붉은 단면이 인상적이죠. 커스터드 크림에 피스타치오 페이스트와 키르슈바서를 섞으면 아메리칸 체리의 농후함에 뒤지지 않는 어른스러운 맛을 지니게 됩니다. 일본산 체리와 맛을 비교해 보면 비슷한 과일이더라도 품종마다 필 이몰리는 그림의 조합이 다르다는 것을 실감할 수 있습니다.

동글동글 아메리칸 체리 샌드위치

재료(1세트)

사각 식빵(8장들이) ····· 2장
피스타치오 & 커스터드※ ····· 30g
마스카르포네 & 생크림(p.43 참고) ····· 30g
아메리칸 체리 ····· 11개
피스타치오(슈퍼 그린) ····· 2g

※ 피스타치오 & 커스터드(만들기 좋은 양)
커스터드 크림(p.44~45 참고) 100g, 피스타치오 페이스트(시판 제품) 10g, 키르슈바서 5g을 섞는다.

만드는 법

1. 씨 제거기(p.55 참고)를 사용해 체리의 씨를 제거한다. 2개는 반으로 잘라 둔다.

2. 식빵 한 장의 한쪽 면에 피스타치오 & 커스터드를 바르고 사진을 참고해 **1**을 배열한다. 대각선으로 체리 9개를 올리고 반으로 잘라 둔 체리로 빈 곳을 채운다.

3. 다른 식빵의 한쪽 면에 마스카르포네 & 생크림을 바르고 **2**에 포갠다.

4. 식빵의 테두리를 제거하고 X자로 4등분한다.

5. 마무리로 굵게 다진 피스타치오를 뿌린다.

씨를 제거할 때는 전용 기구를 사용해도 되고, 움푹하게 파인 부분(꼭지가 있던 자리)에 젓가락의 굵은 부분을 꽂아 제거할 수도 있다.

체리 × 뺑 오 레

다른 빵으로!

체리 밀크빵 샌드위치

우유가 듬뿍 들어간 부드러운 뺑 오 레와 체리의 그윽한 향기가 근사하게 어우러집니다.
크렘 샹티이와의 심플한 조합이 포인트. 체리의 부드럽고 고급스러운 풍미가 한층 살아납니다.

재료(3개 분량)

뺑 오 레(둥근 모양) …… 3개(30g/개당)
크렘 샹티이(p.42 참고) …… 90g
체리※ …… 6개
피스타치오(슈퍼 그린) …… 2g

※ 홍수봉을 사용. 좌등금을 써도 좋다.

만드는 법

1. 씨 제거기(p.55 참고)로 씨를 빼낸 체리를 반으로 자른다.

2. 빵에 가로로 비스듬히 칼집을 낸다.

3. 둥근 깍지를 끼운 짤주머니에 크렘 샹티이를 넣어 **2**에 짜 넣은 다음, **1**을 넣는다. 안쪽에 하나를 놓고 앞쪽에 잘 보이도록 3개를 배열한다.

4. 굵게 다진 피스타치오를 뿌려 마무리한다.

우유를 듬뿍 넣은 달콤함이 감도는 빵이다. 작고 둥근 모양이 먹기 편하고 자를 필요가 없어 쉽게 만들 수 있다.

아메리칸 체리 × 브리오슈 낭테르

다른 빵으로!

아메리칸 체리 브리오슈 샌드위치

달걀과 버터가 듬뿍 들어간 브리오슈의 풍미는 아메리칸 체리의 감칠맛에 뒤지지 않습니다.
적은 양으로도 확실한 존재감을 드러내죠. 마스카르포네가 들어간 생크림과 조합하면
고급스러운 스위츠가 탄생합니다.

재료(1세트)

브리오슈 낭테르(30mm 슬라이스) …… 1장
마스카르포네 & 생크림(p.43 참고) …… 50g
아메리칸 체리 …… 3개
피스타치오(슈퍼 그린) …… 2g

만드는 법

1. 씨 제거기(p.55 참고)로 씨를 빼낸 체리를
반으로 자른다.

2. 브리오슈 낭테르는 세로로 2등분해 자른
면이 위로 오도록 한 다음, 완전히 잘리지 않
도록 주의하며 깊게 칼집을 낸다.

3. 둥근 깍지를 끼운 짤주머니에 마스카르포
네 & 생크림을 넣어 **2**의 칼집에 반씩 짜 넣은
다음 **1**을 올린다.

4. 굵게 다진 피스타치오를 뿌려 마무리한다.

사이즈가 작아 깔끔하
게 단면을 내기 어려운
과일은 미리 잘라 크림
위에 얹으면 실패할 확
률이 낮다.

멜론 ✕ 식빵

멜론 본연의 맛을 만끽하고 싶다면 멜론을 아낌없이 넣어 주인공으로 내세우고, 크림으로 약간의
우유 향만 더해 보세요. 적은 양의 멜론을 사용할 경우, 커스터드 크림으로 감칠맛을 보완하면
멜론 쇼트케이크 같은 풍미를 느낄 수 있습니다. 진한 향이 퍼지는 싱싱한 멜론의 달콤함을
한껏 맛볼 수 있는 호화로운 샌드위치입니다.

슬라이스 멜론 샌드위치

재료(1세트)

사각 식빵(8장들이) …… 2장

마스카르포네 & 생크림(p.43 참고)
…… 50g(25g+25g)

멜론(슬라이스/p.24 자르는 법 8 참고)※
…… 160g

※ 이 레시피에서는 녹육 멜론을 사용했지만,
적육 멜론을 써도 된다.

만드는 법

1. 식빵 한 장의 한쪽 면에 마스카르포네 & 생
크림 25g을 바른다.

2. 사진을 참고해 **1**에 멜론을 배열한다.

3. 다른 식빵의 한쪽 면에 마스카르포네 & 생
크림 25g을 바르고 **2**에 포갠다.

4. 식빵의 테두리를 제거하고 3등분으로 자른다.

슬라이스한 멜론은 자르는
위치를 고려해 살짝씩 겹치
도록 두 줄로 배열한다. 멜
론의 양끝 부분으로 빈 곳을
채운다.

빗 모양 썰기 멜론 샌드위치

재료(1세트)

사각 식빵(8장들이) …… 2장
커스터드 크림(p.44~45 참고) …… 25g
마스카르포네 & 생크림(p.43 참고)
…… 40g(15g+25g)
멜론(빗 모양 썰기 한 것의 반쪽 3장/
p.24 자르는 법 9 참고)※ …… 120g

※ 이 레시피에서는 녹육 멜론을 사용했지만,
   적육 멜론을 써도 된다.

만드는 법

1. 식빵 한 장의 한쪽 면에 커스터드 크림을
바르고 그 위에 마스카르포네 & 생크림 15g을
덧바른다.

2. 사진을 참고해 1에 멜론을 올린다.

3. 다른 식빵의 한쪽 면에 마스카르포네 & 생
크림 25g을 바르고 2에 포갠다.

4. 식빵의 테두리를 제거하고 반으로 자른다.

빗 모양으로 자른 후 2등분
한 멜론은 한쪽은 두껍고 반
대쪽은 얇다. 모두 같은 방향
으로 배열하면 멜론이 한곳
으로 쏠리기 때문에 두께가
다른 쪽을 교차해 올린다.

복숭아 ✕ 식빵

향이 진하고 과즙이 풍부한 복숭아는 고급스러운 단맛과 부드러운 식감을 지녀 소프트 식빵과 잘
어울립니다. 커스터드 크림을 듬뿍 얹으면 복숭아 특유의 맛이 한층 더 살아나죠. 같은 양이라도
자르는 방법과 배열 방식에 따라 완성 후의 인상이 달라집니다. 만들자마자 얼른 입안 가득 넣고
싶어지는, 특별한 고급스러움을 지닌 과일 샌드위치입니다.

반달 슬라이스 복숭아 샌드위치

재료(1세트)

사각 식빵(10장들이) …… 2장
커스터드 크림(p.44~45 참고) …… 25g
마스카르포네 & 생크림(p.43 참고) …… 30g
백도(p.22 자르는 법 7 참고) …… 1/4개(70g)

만드는 법

1. 식빵 한 장의 한쪽 면에 커스터드 크림을
바른다.

2. 백도를 4장으로 슬라이스하고 사진을 참고
해 **1**에 올린다.

3. 다른 식빵의 한쪽 면에 마스카르포네 & 생
크림을 바르고 **2**에 포갠다.

4. 식빵의 테두리를 제거하고 3등분으로 자
른다.

백도의 반달 슬라이스를 살
짝씩 겹치도록 배열하면 한
쪽 구석에 빈 곳이 생긴다.
여기에 슬라이스한 복숭아의
작은 귀퉁이 부분을 올린다.

은행잎 모양 썰기 복숭아 샌드위치

재료(1세트)

사각 식빵(10장들이) ······ 2장
커스터드 크림(p.44~45 참고) ······ 25g
마스카르포네 & 생크림(p.43 참고) ······ 30g
백도(은행잎 모양 썰기/p.22 자르는 법 9 참고)
······ 1/4개(70g)

만드는 법

1. 식빵 한 장의 한쪽 면에 커스터드 크림을 바른다.

2. 사진을 참고해 **1**에 백도를 배열한다.

3. 다른 식빵의 한쪽 면에 마스카르포네 & 생크림을 바르고 **2**에 포갠다.

4. 식빵의 테두리를 제거하고 3등분으로 자른다.

잘랐을 때 씨가 있던 가운데의 붉은 부분이 보여야 색감의 아름다운 대비를 느낄 수 있다. 배열 단계에서 자르는 위치와 붉은 부분을 잘 맞춰보자.

복숭아 ✕ 식빵

큼직하게 자른 과일이 들어간 샌드위치는 임팩트 있는 비주얼로 인기가 높습니다. 반대로,
슬라이스한 재료를 쓰면 샌드위치로 먹었을 때 한층 균형 잡힌 맛을 즐길 수 있죠. 여기에서는
같은 양의 복숭아를 통째로 넣은 것과 도톰하게 잘라 넣은 것을 함께 만들어 비교해 봤습니다.
같은 양의 재료라도 실제로 만들어 먹어 보면 그 차이를 알 수 있을 것입니다.

하프 복숭아 샌드위치

재료(1세트)

사각 식빵(8장들이) …… 2장
커스터드 크림(p.44~45 참고) …… 25g
마스카르포네 & 생크림(p.43 참고) …… 40g
백도(p.22 자르는 법 6 참고) …… 1/2개(140g)

만드는 법

1. 식빵 한 장의 한쪽 면에 커스터드 크림을
바른다.

2. 1의 중앙에 백도를 올린다.

3. 다른 식빵의 한쪽 면에 마스카르포네 & 생
크림을 바르고 2에 포갠다.

4. 식빵의 테두리를 제거하고 반으로 자른다.

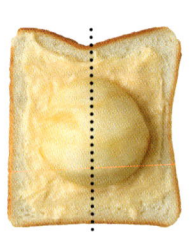

반으로 자른 복숭아는 씨를
뺀 자리가 움푹 파여 있다.
잘랐을 때 이 공간이 뜨지 않
도록 가운데에 커스터드 크
림을 넉넉히 발라 주는 것이
포인트.

빗 모양 썰기 복숭아 샌드위치

재료(1세트)

사각 식빵(8장들이) …… 2장
커스터드 크림(p.44~45 참고) …… 25g
마스카르포네 & 생크림(p.43 참고) …… 40g
백도(빗 모양 썰기/p.22 자르는 법 8 참고)
…… 1/2개(140g)

만드는 법

1. 백도 1/2개를 빗 모양으로 4등분한다.

2. 식빵 한 장의 한쪽 면에 커스터드 크림을 바른다.

3. 사진을 참고해 **2**에 **1**을 올린다.

4. 다른 식빵의 한쪽 면에 마스카르포네 & 생크림을 바르고 **3**에 포갠다.

5. 식빵의 테두리를 제거하고 반으로 자른다.

빗 모양으로 자른 백도는 빵의 중앙에 안쪽과 바깥쪽이 교차하도록 배열한다. 이렇게 놓으면 복숭아의 높이가 비슷해져서 자를 때 안정감이 생긴다.

복숭아 × 식빵 + 식재료의 응용!

피치 멜바 스타일 샌드위치

피치 멜바(Peach Melba)는 복숭아 콩포트와 바닐라 아이스크림의 조합에 라즈베리 소스를
뿌린 것으로, 프랑스의 요리 거장 오귀스트 에스코피에가 고안한 디저트 메뉴입니다.
인기 디저트를 샌드위치로 재구성한 이 아이디어를 다른 메뉴에도 응용해 보세요.

재료(1세트)

사각 식빵(8장들이) ····· 2장
커스터드 크림(p.44~45 참고) ····· 30g
마스카르포네 & 생크림(p.43 참고) ····· 25g
백도 통조림(2절)※ ····· 1.5조각
라즈베리잼(p.33 참고) ····· 15g
아몬드 슬라이스(로스팅) ····· 3g

※ 황도 통조림이나 황도 콩포트(p.37 참고)를
　 사용해도 좋다.

만드는 법

1. 준비된 백도(통조림)는 2절을 4등분한 크기
로, 빗 모양 썰기를 한다.

2. 식빵 한 장의 한쪽 면에 커스터드 크림을
바른다.

3. 사진을 참고해 **2**에 **1**을 올리고 백도(통조
림)의 사이사이에 라즈베리잼을 얹는다. 적당
히 부순 아몬드 슬라이스를 뿌린다.

4. 다른 식빵의 한쪽 면에 마스카르포네 & 생
크림을 바르고 **3**에 포갠다.

5. 식빵의 테두리를 제거하고 3등분으로 자른다.

황도, 파인애플, 체리가 들어간 콧페빵

레트로한 감성의 일본 콧페빵을 사용한 과일 샌드위치. 빨간 체리의 귀여움이 눈을 사로잡습니다.
과일 통조림을 사용해 향수를 불러일으키는 간식을 만들어 봅시다.

재료(1세트)

콧페빵 …… 1개(35g)
커스터드 크림(p.44~45 참고) …… 50g
마스카르포네 & 생크림(p.43 참고) …… 40g
황도 통조림(2절) …… 1/2조각
파인애플 통조림(슬라이스) …… 1/3개
체리 통조림 …… 낱개 체리 1개

만드는 법

1. 준비된 황도(통조림)는 2절을 4등분한 크기로, 빗 모양 썰기를 한다. 파인애플(통조림)은 반으로 자른다.

2. 콧페빵의 윗부분에 수직으로 칼집을 낸다.

3. 커스터드 크림과 마스카르포네 & 생크림을 각각 둥근 깍지를 끼운 짤주머니에 넣어 **2**에 짜 준다.

4. 사진을 참고해 커스터드 크림과 마스카르포네 & 생크림 사이에 황도를 끼우고 가운데에 파인애플과 체리(통조림)를 리본 모양으로 얹는다.

망고 ✕ 식빵

다른 과일에서 느낄 수 없는 망고만의 깊은 단맛과 풍부한 향기는 빵과 어우러지면 한층 더
존재감을 드러냅니다. 맛은 물론이고, 하얀 식빵과 대비를 이루는 선명한 황금빛 색감이
눈을 즐겁게 하는 샌드위치입니다.

하프 망고 샌드위치

재료(1세트)

사각 식빵(8장들이) …… 2장
마스카르포네 & 생크림(p.43 참고)
…… 45g(20g+25g)
망고(p.25 자르는 법 6 참고) …… 85g

만드는 법

1. 식빵 한 장의 한쪽 면에 마스카르포네 & 생
크림 20g을 바른다.

2. 사진을 참고해 **1**에 망고를 올린다. 빈 곳은
작게 자른 망고 조각으로 채운다.

3. 다른 식빵의 한쪽 면에 마스카르포네 & 생
크림 25g을 발라 **2**에 포갠다.

4. 식빵의 테두리를 제거하고 반으로 자른다.

큼직하게 자른 망고를 넣으
면 특유의 쫀득한 식감과 과
즙을 만끽할 수 있다. 먹을
때의 편리함보다 망고 본연
의 맛에 집중하고 싶을 때 만
들어 보자.

슬라이스 망고 샌드위치

재료(1세트)

사각 식빵(8장들이) …… 2장
커스터드 크림(p.44~45 참고) …… 25g
마스카르포네 & 생크림(p.43 참고) …… 25g
망고(p.25 자르는 법 6 참고) …… 85g

만드는 법

1. 식빵 한 장의 한쪽 면에 커스터드 크림을 바른다.

2. 사진을 참고해, 잘랐을 때의 위치를 생각하며 **1**에 망고를 올린다.

3. 다른 식빵의 한쪽 면에 마스카르포네 & 생크림을 바르고 **2**에 포갠다.

4. 식빵의 테두리를 제거하고 **3**등분해 자른다.

두툼하게 자른 망고의 풍부한 과즙을 충분히 느낄 수 있고, 전체적으로 균일하게 재료를 배열해 어느 부분을 먹어도 빵과 망고의 균형감이 똑같이 유지된다는 장점이 있다.

키위 ✕ 식빵

키위의 선명한 녹색이 빵과 크림의 하얀색과 어우러져 단품으로 조합해도 비주얼이 훌륭합니다.
키위는 식감이 너무 단단하지도, 너무 부드럽지도 않아 빵과 함께 먹기 좋죠.
일 년 내내 쉽게 구할 수 있는 것도 장점입니다.

울퉁불퉁 키위 샌드위치

재료(1세트)

사각 식빵(8장들이) …… 2장
마스카르포네 & 생크림(p.43 참고)
…… 50g(25g+25g)
키위 …… 1개

만드는 법

1. 키위는 껍질을 벗겨 세로로 반을 자른다. 그중 하나는 다시 반으로 자른다(p.27 자르는 법 6 참고).

2. 식빵 한 장의 한쪽 면에 마스카르포네 & 생크림 25g을 바른다.

3. 사진을 참고해 **2**에 **1**을 올린다.

4. 다른 식빵의 한쪽 면에 마스카르포네 & 생크림 25g을 바르고 **3**에 포갠다.

5. 식빵의 테두리를 제거하고 반으로 자른다.

반쪽짜리 키위를 중앙에 놓고 그 양옆에 1/4로 자른 조각을 올린다.

슬라이스 키위 샌드위치

재료(1세트)

사각 식빵(8장들이) …… 2장
마스카르포네 & 생크림(p.43 참고)
…… 50g(25g+25g)
키위 …… 1개

만드는 법

1. 키위는 껍질을 벗기고 6장으로 슬라이스한다(p.27 자르는 법 5 참고).

2. 식빵 한 장의 한쪽 면에 마스카르포네 & 생크림 25g을 바른다.

3. 사진을 참고해 **2**에 **1**을 올린다.

4. 다른 식빵의 한쪽 면에 마스카르포네 & 생크림 25g을 바르고 **3**에 포갠다.

5. 식빵의 테두리를 제거하고 X자로 4등분해 자른다.

제일 큰 키위 슬라이스 1장을 중앙에, 4장을 빵의 모퉁이에 얹는다. 제일 작은 1장을 4등분해 빈 곳을 채우고 전체적인 균형을 맞춘다.

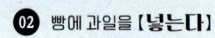

무화과 ✕ 식빵

부드럽고 과즙이 풍부한 무화과는 빵, 풍성한 크림과 잘 어울리며 입안에서 녹는 듯한 섬세한 맛이
인상적입니다. 커스터드 크림을 곁들이면 양과자의 풍미가, 앙금이나 참깨를 곁들이면
화과자의 느낌이 나죠. 저마다의 맛을 다채롭게 즐겨 보세요.

하프 무화과 샌드위치

재료(1세트)

사각 식빵(8장들이) …… 2장
마스카르포네 & 생크림(p.43 참고) …… 25g
커스터드 크림(p.44~45 참고) …… 25g
무화과 …… 1개

만드는 법

1. 무화과는 껍질을 벗기고, 세로로 2등분한다.

2. 식빵 한 장의 한쪽 면에 커스터드 크림을
바른다.

3. 사진을 참고해 2에 1을 올린다.

4. 다른 식빵의 한쪽 면에 마스카르포네 & 생
크림을 발라 3에 포갠다.

5. 식빵의 테두리를 제거하고, 반으로 자른다.

무화과를 올릴 때 넓은 쪽이
교차되게 놓으면 균형이 잘
잡힌다. 반으로 잘라 쓸 때는
이렇게 껍질을 제거하는 것
이 좋다. 큼직하지만 부드럽
게 녹는 식감을 즐길 수 있다.

슬라이스 무화과 샌드위치

재료(1세트)

사각 식빵(10장들이) …… 2장
마스카르포네 & 생크림(p.43 참고)
…… 45g(20g+25g)
커스터드 크림(p.44~45 참고) …… 20g
무화과 …… 1개

만드는 법

1. 껍질을 벗기지 않은 무화과를 5장으로 슬라이스한다.

2. 식빵 한 장의 한쪽 면에 커스터드 크림을 바르고, 마스카르포네 & 생크림 20g을 덧바른다.

3. 사진을 참고해 **2**에 **1**을 올린다.

4. 다른 식빵의 한쪽 면에 마스카르포네 & 생크림 25g을 바르고 **3**에 포갠다.

5. 식빵의 테두리를 제거하고 3등분으로 자른다.

무화과를 슬라이스할 때는 껍질째 사용한다. 빵을 자를 때 무화과가 뭉그러지는 것을 막을 수 있다.

무화과 ✕ 식빵 + 식재료의 응용!

무화과와 마스카르포네 참깨 크림이 어우러진 일본풍 팥 샌드위치

무화과는 일본의 식재료와 궁합이 좋아 팥소, 참깨 등과도 잘 어울립니다. 무화과의 담백한 단맛을
잼으로 보완하면 팥소와의 밸런스가 좋아지죠. 쫀득한 무화과와 참깨 향이 퍼지는 마스카르포네의
조합은 그 자체로 하나의 훌륭한 디저트가 됩니다.

재료(1세트)

사각 식빵(8장들이) …… 2장
무화과(껍질 벗긴 것) …… 12mm 슬라이스 4장
팥소(시판 제품) …… 50g
마스카르포네 참깨 크림(p.48 참고) …… 25g
무화과잼(p.32 참고) …… 20g
흰 참깨(간 것) …… 소량

만드는 법

1. 식빵 한 장의 한쪽 면에 마스카르포네 & 참
깨 크림을 바른다.

2. 사진을 참고해 **1**에 무화과를 올리고, 사이
사이를 채우는 느낌으로 무화과잼을 얹는다.

3. 다른 식빵의 한쪽 면에 팥소를 바르고 **2**에
포갠다.

4. 식빵의 테두리를 제거하고 3등분으로 자른
다. 흰 참깨를 뿌려 마무리한다.

무화과 × 브리오슈 아 테트

다른 빵으로!

무화과 & 브리야 사바랭 브리오슈 샌드위치

무화과를 잼으로 만들면 생으로 먹을 때보다 풍미가 깊고 짙어집니다. 치즈와도 잘 어울려 브리야 사바랭과 조합하면 고급스러운 스위츠 느낌이 나죠. 달걀과 버터가 듬뿍 들어간 리치한 브리오슈와 함께 먹으면 호화로운 맛을 느낄 수 있습니다.

재료(1세트)

브리오슈 아 테트 ······ 1개
무화과잼(p.32 참고) ······ 20g(15g+5g)
브리야 사바랭(프레)※ ······ 20g(15g+5g)
무염 버터 ······ 5g
아몬드 슬라이스(로스팅) ······ 2g

※ 프랑스의 프레시 타입 치즈. 산뜻한 산미와 매
   끄러운 식감이 매력적으로. 레어 치즈 케이크
   같은 맛이 난다. 재료를 구하기 어려우면 크림
   치즈로 대체해도 좋다.

만드는 법

1. 브리오슈 아 테트는 동그란 윗부분과 아랫부분을 잘라서 분리한 후, 각각에 비스듬히 칼집을 낸다.

2. 1의 안쪽에 무염 버터를 바르고 슬라이스한 브리야 사바랭과 무화과잼을 넣는다. 아랫부분에는 15g씩, 윗부분에는 5g씩 양을 배분한다.

3. 적당히 부순 아몬드 슬라이스를 뿌려 마무리한다.

99

포도 ✕ 식빵

포도는 한입에 쏙 들어가는 작은 사이즈로, 통째로 샌드위치에 넣을 수 있어 더 매력적인 재료입니다.
최근에는 껍질째 먹을 수 있는 새로운 품종들이 늘고 있는데 특히 샤인머스캣은 알이 크고 맛이 달아
인기가 높죠. 포도 향을 즐기고 싶다면 마스카르포네 & 생크림만을 곁들여 심플하게 조합해 보세요.

통째로 쏙쏙 샤인머스캣 샌드위치

재료(1세트)

사각 식빵(8장들이) …… 2장
마스카르포네 & 생크림(p.43 참고)
…… 45g(20g+25g)
샤인머스캣 …… 8알

만드는 법

1. 식빵 한 장의 한쪽 면에 마스카르포네 & 생크림 20g을 바른다.

2. 사진을 참고해 **1**에 샤인머스캣을 올린다.

3. 다른 식빵의 한쪽 면에 마스카르포네 & 생크림 25g을 바르고 **2**에 포갠다.

4. 식빵의 테두리를 제거하고 3등분으로 자른다.

샤인머스캣을 가로 방향으로 자르면 동그란 단면이 나온다. 줄기에 달려 있던 부분이 위아래로 교차되도록 배열하면 편하다.

반달 모양 샤인머스캣 샌드위치

재료(1세트)

사각 식빵(10장들이) …… 2장
마스카르포네 & 생크림(p.43 참고)
…… 45g(20g+25g)
샤인머스캣 …… 4알

만드는 법

1. 샤인머스캣은 세로로 2등분한다.

2. 식빵 한 장의 한쪽 면에 마스카르포네 & 생크림 20g을 바른다.

3. 사진을 참고해 **2**에 **1**을 올린다.

4. 다른 식빵의 한쪽 면에 마스카르포네 & 생크림 25g을 바르고 **3**에 포갠다.

5. 식빵의 테두리를 제거하고 3등분으로 자른다.

식빵에 과일을 배열할 때는 가로 세로의 길이와 과일 사이즈의 균형을 고려해 방향을 정한다. 이 식빵은 세로로 긴 모양이라 가로로 놓으면 공간이 부족하기 때문에 세로 방향으로 배열했다.

포도 × 식빵

나가노퍼플 & 샤인머스캣 샌드위치

어두운 색의 나가노퍼플과 밝은 녹색의 샤인머스캣, 이 두 종류의 포도를 조합했습니다.
포도를 좋아하는 사람에게는 최고의 샌드위치죠. 색이 다른 두 가지 포도가 번갈아 가며
얼굴을 내밀어 귀여운 색감을 즐길 수 있습니다. 마스카르포네 & 생크림에 커스터드 크림을
가미해 주면 '스위츠다운 매력'이 한층 업그레이드됩니다.

재료(1세트)

사각 식빵(10장들이) …… 2장
커스터드 크림(p.44~45 참고) …… 30g
마스카르포네 & 생크림(p.43 참고) …… 30g
나가노퍼플※ …… 6알
샤인머스캣 …… 4알

※ 거봉이나 피오네 등 알이 크고 색이 어두운
　다른 품종을 사용해도 된다.

만드는 법

1. 나가노퍼플 1알을 세로로 4등분해 잘라 둔다.

2. 식빵 한 장의 한쪽 면에 커스터드 크림을
바른다.

3. 사진을 참고해 **2**에 나가노퍼플과 샤인머스
캣을 올린다.

4. 다른 식빵의 한쪽 면에 마스카르포네 & 생
크림을 바르고 **3**에 포갠다.

5. 식빵의 테두리를 제거하고 X자로 4등분한다.

호밀빵 건포도 버터 샌드위치

건포도는 신선한 포도에서는 느낄 수 없는 건과일만의 매력을 가지고 있습니다. 건포도가 듬뿍 들어간 건포도 버터를 사용한 심플한 샌드위치는 맛과 향이 진한 호밀빵을 토스팅해 조합하는 것이 포인트. 어른 입맛에 맞는 풍미로 커피나 양주와도 잘 어울립니다.

재료(1세트)

호밀 식빵(12장들이) …… 2장
화이트 초콜릿 풍미의 건포도 버터(p.49 참고)
…… 80g

만드는 법

1. 식빵을 살짝 구워 준다.

2. 식빵 한 장의 한쪽 면에 화이트 초콜릿 풍미의 건포도 버터를 바르고 남은 한 장의 빵을 포갠다.

3. 식빵의 테두리를 제거하고 4등분한다.

* 화이트 초콜릿 풍미의 건포도 버터는 상온에 꺼내 두었다 바르고, 빵을 포개 랩으로 싼 다음 냉장고에서 굳히면 단단하게 모양이 잡혀 깔끔하게 자를 수 있다. 밀봉을 확실히 하면 냉동 보존도 가능하다.

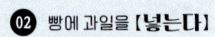

감귤 × 식빵

귤, 오렌지, 레몬 등 감귤류의 개성을 살린 조합은 스위츠 샌드위치 외에도 다양한 메뉴에 응용할 수
있습니다. 신선한 생과일, 통조림, 잼과 껍질까지, 가공법에 따라 다양한 맛을 즐겨 보세요.

귤 샌드위치

재료(1세트)

사각 식빵(8장들이) …… 2장
마스카르포네 & 생크림(p.43 참고)
…… 40g(20g+20g)
귤 …… 1.5개

만드는 법

1. 껍질을 까 반으로 나눈 귤을 3개 사용한다.
그중 1개는 한 쪽씩 떼어 낸다.

2. 식빵 한 장의 한쪽 면에 마스카르포네 & 생
크림 20g을 바른다.

3. 사진을 참고해 **2**에 **1**을 올린다.

4. 다른 식빵의 한쪽 면에 마스카르포네 & 생
크림 20g을 바르고 **3**에 포갠다.

5. 식빵의 테두리를 제거하고 반으로 자른다.

달콤하고 과즙이 풍부한 귤
을 대담하게 사용한다. 반으
로 나눈 귤의 부채꼴 단면이
신선하다.

아마나스 샌드위치

재료(1세트)

사각 식빵(8장들이) ······ 2장
크림치즈 ······ 35g
오렌지 마멀레이드 ······ 25g
아마나스(통조림) ······ 6쪽(75g)
피스타치오(슈퍼 그린) ······ 2g

만드는 법

1. 크림치즈와 오렌지 마멀레이드를 적당히 섞어 준다.

2. 식빵 한 장의 한쪽 면에 **1**의 1/2을 바른다.

3. 사진을 참고해 **2**에 물기를 뺀 아마나스(통조림)를 배열한다.

4. 다른 식빵의 한쪽 면에 **1**의 1/2을 바르고 **3**에 포갠다.

5. 식빵의 테두리를 제거하고 3등분으로 자른 후. 굵게 다진 피스타치오를 뿌려 마무리한다.

어른 입맛에 맞는 신선한 아마나스 통조림과 마멀레이드가 들어간 크림치즈의 조합은 상상 이상의 맛을 선사한다. 홍차와의 궁합도 훌륭하다.

감귤 × 식빵 + 식재료의 응용!

다른 빵으로!

오렌지 & 연어 호밀빵 샌드위치

호밀빵과 크림치즈, 훈제 연어는 그 자체만으로 훌륭한 인기 조합입니다. 여기에 오렌지를 추가해
과즙의 상큼함과 싱싱한 향기를 더해 보세요. 한 단계 업그레이드된 맛으로 완성될 것입니다.

재료(1세트)

호밀 식빵(12장들이) …… 3장
크림치즈 …… 30g
오렌지 마멀레이드 …… 20g
무염 버터 …… 15g(5g×3)
오렌지(껍질 벗긴 것) …… 6쪽(60g)
훈제 연어 …… 40g
적오크 상추(그린 리프. 서니 레터스도 가능)
…… 6g
마요네즈 …… 3g
오렌지 껍질(그레이터에 간 것) …… 소량

만드는 법

1. 오렌지는 껍질을 벗기고 과육을 한 쪽씩 떼
어 낸다(p.23 자르는 법 7 참고).
2. 크림치즈와 오렌지 마멀레이드를 적당히
섞어 준다.
3. 식빵 한 장의 한쪽 면에 **2**를 바른다.
4. 사진을 참고해 **3**에 **1**을 올린다.
5. 다른 식빵의 한쪽 면에 무염 버터 5g을 바
르고 **4**에 포갠다.
6. 5 위에 무염 버터 5g을 바르고 훈제 연어
를 올린다. 그 위에 마요네즈 3g을 가는 선 모
양으로 뿌리고 적오크 상추를 올린다.
7. 남은 식빵의 한쪽 면에 무염 버터 5g을 바
르고 **6**에 포갠다.
8. 식빵의 테두리를 제거하고 3등분으로 자른
후, 오렌지 껍질 간 것을 뿌려 마무리한다.

햄과 미몰렛, 레몬 커드가 들어간 샌드위치

햄과 치즈의 심플한 조합에 레몬 커드를 더했습니다. 선명한 산미와 감칠맛이 빵과 햄의 맛을
끌어올려 친숙한 샌드위치를 세련된 풍미로 변신시켜 줍니다.

재료(1세트)

뺑 드 깜빠뉴(12mm 슬라이스) ······ 2장(56g)
무염 버터 ······ 4g
루꼴라 ······ 6g
슬라이스 햄 ······ 25g
마요네즈 ······ 5g(3g+2g)
미몰렛 ······ 10g
레몬 커드(p.46~47 참고) ······ 25g

만드는 법

1. 뺑 드 깜빠뉴 한 장의 한쪽 면에 무염 버터
를 바르고 루꼴라를 올린다. 그 위에 마요네즈
3g을 가는 선 모양으로 뿌리고 슬라이스 햄을
얹는다.

2. 1 위에 마요네즈 2g을 가는 선 모양으로 뿌
리고, 얇게 슬라이스한 미몰렛을 올린다.

3. 남은 빵의 한쪽 면에 레몬 커드를 바르고
2에 포갠다.

바나나 × 식빵

농후한 단맛과 쫀득함이 매력적인 바나나는 빵 속에 넣어도 그 존재감이 확실히 드러납니다.
기본 크림을 곁들여 스위츠로 즐겨도 좋고 베이컨, 푸른곰팡이 치즈 등과 조합해
색다른 맛을 즐길 수도 있습니다.

바나나 초코 샌드위치

재료(1세트)

사각 식빵(8장들이) ······ 2장
캐러멜 넛츠 쇼콜라 페이스트(p.51 참고)
······ 30g
마스카르포네 & 생크림(p.43 참고) ······ 30g
바나나(반으로 자른 것) ······ 1.5개

만드는 법

1. 식빵 한 장의 한쪽 면에 캐러멜 넛츠 쇼콜라 페이스트를 바르고 사진을 참고해 바나나를 올린다.

2. 다른 식빵의 한쪽 면에 마스카르포네 & 생크림을 바르고 1에 포갠다.

3. 식빵의 테두리를 제거하고 반으로 자른다.

바나나는 두꺼운 쪽과 가는 쪽을 교차해 놓아야 균형이 고르게 잡힌다. 캐러멜 넛츠 쇼콜라 페이스트는 기호에 따라 커스터드 크림으로 바꿔도 좋다.

넛츠 버터 ✕ 통밀 식빵

미국 어린이들의 대표적인 도시락 메뉴 중 하나입니다. 많은 가정에서 만들어 먹는 일상적인 메뉴이며, PB&J(Peanut Butter and Jelly sandwich)라는 약칭을 쓰기도 합니다. 식감에 포인트를 줄 수 있도록 알갱이가 씹히는 크런치 스타일의 땅콩버터를 사용해 보세요.

땅콩버터 & 딸기잼 샌드위치

재료(1세트)

통밀 식빵(8장들이) …… 2장
땅콩버터(시판 제품/크런치 타입) …… 40g
딸기잼(p.32 참고) …… 40g

만드는 법

1. 식빵 한 장의 한쪽 면에 땅콩버터를 바른다.

2. 다른 식빵의 한쪽 면에 딸기잼을 바르고 1에 포갠다.

3. 4조각으로 자른다.

PB&J의 J는 젤리를 뜻한다. 과즙으로 만든 고형분이 없는 잼으로 미국에서는 딸기잼뿐 아니라 포도잼도 자주 쓰인다.

바나나 + 넛츠 버터 × 통밀 식빵 + 식재료의 응용!

아몬드 버터와 바나나, 무화과잼이 들어간 샌드위치

땅콩버터 대신 아몬드 버터를 사용하고, 딸기잼을 무화과잼으로 대체한 PB&J의 응용 버전에
바나나를 조합했습니다. 도톰하게 썬 바나나의 쫀득한 식감과 단맛이 인상적이며
적당한 포만감을 느낄 수 있습니다.

재료(1세트)

통밀 식빵(8장들이) …… 2장
아몬드 버터(p.51 참고) …… 35g
바나나 …… 10mm 슬라이스 6장
무화과잼(p.32 참고) …… 50g

만드는 법

1. 식빵 한 장의 한쪽 면에 아몬드 버터를 바르고, 사진을 참고해 바나나를 올린다.

2. 다른 식빵의 한쪽 면에 무화과잼을 바르고 1에 포갠다.

3. 식빵의 테두리를 제거하고 3등분으로 자른다.

바나나와 땅콩버터, 베이컨이 들어간 따뜻한 샌드위치

베이컨과 바나나, 땅콩버터는 미국인들이 즐겨 먹는 조합입니다. 엘비스 프레슬리가 좋아했다고
알려져 '앨비스 샌드위치'라는 별명이 있죠. PB&J의 요소를 첨가해 새콤달콤한 잼으로
포인트를 주는 것도 좋은 방법입니다.

재료(1세트)

통밀 식빵(8장들이) …… 2장
땅콩버터(시판 제품/크런치 타입) …… 30g
프룬잼(p.30 참고) …… 25g
베이컨 …… 3장
바나나 …… 10mm 슬라이스 9장

만드는 법

1. 베이컨을 반으로 잘라 프라이팬에서 굽는
다. 양면을 고루 구워 준다.

2. 식빵 한 장의 한쪽 면에 프룬잼을 발라 **1**을
올리고 사진을 참고해 바나나를 배열한다.

3. 다른 식빵의 한쪽 면에 땅콩버터를 바르고
2에 포갠다.

4. 예열한 파니니 프레스에서 갈색 그릴 자국
이 생길 때까지 눌러 구운 뒤, 반으로 자른다.

사과 ✕ 통밀 식빵

사과는 달콤함과 새콤함의 균형이 좋으며 그대로 먹어도, 가공해서 먹어도 저마다의 고유한 맛을
즐길 수 있습니다. 스위츠 계열은 물론, 햄이나 치즈와도 잘 어울려 샌드위치 재료로 추천하는
과일입니다. 우선 생사과를 이용해 아삭한 식감의 심플한 맛을 느껴 봅시다.

사과 슬라이스 & 캐러멜 넛츠 치즈 샌드위치

재료(1세트)

통밀 식빵(8장들이) …… 2장
캐러멜 넛츠 크림치즈(p.49 참고) …… 50g
커스터드 크림(p.44~45 참고) …… 25g
사과※ …… 3mm 반달 모양 슬라이스 6장
(약 75g)

※ 이 레시피에서는 산미와 단맛의 균형이 좋은
　조나골드를 사용했다.

만드는 법

1. 식빵은 옅은 갈색빛을 띨 때까지 굽는다.

2. 식빵 한 장의 한쪽 면에 커스터드 크림을
바르고 사진을 참고해 사과를 올린다.

3. 다른 식빵의 한쪽 면에 캐러멜 넛츠 크림치
즈를 발라 2에 포갠다.

4. 식빵의 테두리를 제거하고 3등분으로 자른다.

반달 모양으로 슬라이스한
사과는 모양이 잘 잡혀 단면
이 예쁘게 나온다. 한눈에 봐
도 사과임을 알 수 있는 빨간
색 껍질이 드러나는 것이 매
력적이다.

서양배 × 식빵

진한 향기가 감도는 서양배는 익을수록 단맛이 강해지며, 입안에서 녹는 식감이 즐거움을
선사합니다. 서양배 샌드위치의 진가를 맛보려면 슬라이스한 것보다는 큼지막하게 자른 조각을
사용하는 것이 좋습니다. 그대로 먹어도, 가공해 먹어도 훌륭한 맛이 납니다.

라 프랑스 샌드위치

재료(1세트)

사각 식빵(10장들이) ····· 2장
커스터드 크림(p.44~45 참고) ····· 30g
마스카르포네 & 생크림(p.43 참고) ····· 30g
라 프랑스※ ····· 8등분으로 빗모양 썰기한 것
3장(약 65g)

※ 이 레시피에서는 생과를 이용했으나, 국내에
　서는 생과를 구할 수 없으므로 통조림으로 대
　체한다.

만드는 법

1. 식빵 한 장의 한쪽 면에 커스터드 크림을
바르고 사진을 참고해 라 프랑스를 올린다.

2. 다른 식빵의 한쪽 면에 마스카르포네 & 생
크림을 바르고 1에 포갠다.

3. 식빵의 테두리를 제거하고 3등분으로 자른다.

서양배는 위아래가 교차되
도록 배열해 균형을 맞춘다.

사과 × 건포도빵 + 식재료의 응용!

다른 빵으로!

구운 사과 슬라이스를 넣은 건포도빵 샌드위치

구운 사과 슬라이스는 얇게 썬 사과에 버터를 발라 살짝 구워 주기만 하면 됩니다.
사과는 홍옥이나 조나골드를 추천합니다. 산미와 단맛이 조화롭고 껍질의 색도 예쁘게 드러나거든요.
심플한 조합인 만큼 아몬드와 건포도가 확실한 포인트 역할을 합니다.

재료(1세트)

건포도빵(12mm 슬라이스) …… 30g×2장
아몬드 버터(p.51 참고) …… 25g
구운 사과 슬라이스※ …… 63g
무염 버터 …… 4g
꿀 …… 5g

※ 사과 1/2개를 껍질째 반달 모양으로 잘라(p.26
   자르는 법 6 참고) 트레이에 나란히 놓는다. 무
   염 버터 15g을 10mm 두께의 사각형으로 썰
   어 사과 위에 올리고 예열한 오븐 토스터에서
   3분 정도 굽는다.

만드는 법

1. 건포도빵 한 장의 한쪽 면에 아몬드 버터를
바르고 사진을 참고해 구운 사과 슬라이스를
올린 후, 꿀을 뿌린다.

2. 다른 빵의 한쪽 면에 무염 버터를 바르고
1에 포갠다.

3. 3등분으로 자른다.

서양배 & 생햄 바게트 샌드위치

서양배는 생햄이나 블루 치즈와도 잘 어울립니다. 통조림을 사용하면 계절과 관계없이 손쉽게
조리할 수 있어 편리하죠. 블루 치즈로 포인트를 주고, 무화과잼으로 감칠맛을 더하면
심플한 생햄 샌드위치가 와인에 잘 어울리는 근사한 미식으로 변신합니다.

재료(1세트)

쁘띠 바게트※ ······ 1개(50g)
무염 버터 ······ 16g
서양배 통조림(2절) ······ 1조각
생햄(슬라이스 프로슈토) ······ 1장
루꼴라 ······ 4g
무화과잼(p.32 참고) ······ 15g
블루 치즈※※ ······ 10g

※ 이 레시피에서는 작은 사이즈의 바게트를 사
    용했으나 피셀을 써도 좋다.

※※ 이 레시피에서는 블루 도베르뉴를 사용했다.
    고르곤졸라나 푸름 당베르 등 마일드한 타입
    의 블루 치즈가 적합하다.

만드는 법

1. 쁘띠 바게트에 가로로 칼집을 내고 안쪽에
무염 버터를 바른다.

2. 1에 루꼴라, 프로슈토, 4등분으로 슬라이스
한 서양배를 순서대로 넣는다.

3. 무화과잼과 작게 자른 블루 치즈를 넣는다.

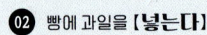

밤 ✕ 식빵

빵과 어울리는 넛츠류 중 계절감을 가장 잘 느낄 수 있는 재료가 바로 밤 아닐까요. 생밤을 그대로
쓰지는 않기 때문에 가공의 과정을 거쳐야 하지만 그 맛은 훌륭합니다. 속껍질 조림부터 하나씩
손수 만들어 보세요. 수고가 아깝지 않은 특별한 맛을 즐길 수 있을 것입니다.

데굴데굴 밤 샌드위치

재료(1세트)

사각 식빵(8장들이) …… 2장
마론 크림(시판 제품) …… 20g
마스카르포네 & 생크림(p.43 참고)
…… 50g(25g+25g)
밤 속껍질 조림(p.40~41 참고) …… 5개

만드는 법

1. 식빵 한 장의 한쪽 면에 마론 크림을 바르고 마스카르포네 & 생크림 25g을 덧바른다.

2. 사진을 참고해 1에 밤 속껍질 조림을 얹는다.

3. 다른 식빵의 한쪽 면에 마스카르포네 & 생크림 25g을 바르고 2에 포갠다.

4. 식빵의 테두리를 제거하고 X자로 4등분한다.

밤 속껍질 조림의 매력을 충분히 어필할 수 있도록 밤의 단면이 잘 보이게 배열해 자른다. 밤의 사이즈가 고르지 않을 때는 알이 제일 큰 것을 중앙에 놓는다.

넛츠 ✕ 식빵

로스팅한 넛츠와 빵의 심플한 조합은 보기에는 그리 화려하지 않지만 은은한 향기와 깊은 맛이 일품입니다. 개리멜라이진한 크림치즈를 곁들이거나 꿀에 절인 넛츠를 사용하면 매력적인 샌드위치가 탄생합니다.

오독오독 넛츠 샌드위치

재료(1세트)

사각 식빵(8장들이) …… 2장
캐러멜 넛츠 크림치즈(p.49 참고) …… 85g
커스터드 크림(p.44~45 참고) …… 30g

만드는 법

1. 식빵 한 장의 한쪽 면에 캐러멜 넛츠 크림치즈를 바른다.

2. 다른 식빵의 한쪽 면에 커스터드 크림을 바르고 1에 포갠다.

3. 식빵의 테두리를 제거하고 3등분으로 자른다.

커스터드 크림을 쇼콜라 페이스트(p.50 참고)로 대체해도 좋다. 그럴 경우 빵을 통밀빵으로 바꾸면 더 조화로운 맛이 난다.

밤 ✕ 식빵 + 식재료의 응용!

마론 파이 스타일 샌드위치라는 제목 이미지

마론 파이 스타일 샌드위치

마론 파이의 이미지를 참고해 밤 속껍질 조림을 아낌없이 사용한 케이크 느낌의 샌드위치입니다.
바스러진 파이 과자의 바삭바삭함이 신선한 식감을 제공합니다.
마론 크림과 커스터드 크림을 함께 사용한 리치함이 매력적입니다.

재료(1세트)

사각 식빵(10장들이) …… 2장
커스터드 크림(p.44~45 참고) …… 15g
밤 속껍질 조림(p.40~41 참고) …… 2개(60g)
마론 크림(시판 제품) …… 30g
팔미에(시판 파이 과자) …… 8g

만드는 법

1. 식빵 한 장의 한쪽 면에 커스터드 크림을 바르고 적당한 크기로 자른 밤 속껍질 조림과 적당히 부순 팔미에를 올린다.

2. 다른 식빵의 한쪽 면에 마론 크림을 바르고 1에 포갠다.

3. 식빵의 테두리를 제거하고 3등분으로 자른다.

허니 넛츠 & 크림치즈 베이글 샌드위치

꿀에 절인 넛츠가 메인인 베이글 샌드위치는 넉넉한 크림치즈와 무염 버터를 함께 사용하는 것이
포인트입니다. 흑후추가 악센트가 되어 어른 입맛에 잘 맞는 맛으로 완성됩니다.

재료(1세트)

베이글(플레인) …… 1개(100g)
크림치즈 …… 50g
넛츠 꿀 절임(p.21 참고) …… 80g
무염 버터 …… 10g
흑후추 …… 적당량

만드는 법

1. 크림치즈에 굵게 간 흑후추를 뿌려 잘 섞어
준다.

2. 베이글은 가로로 반 자른다.

3. 2의 아래쪽에 1을 바르고 넛츠 꿀 절임을
올린다.

4. 2의 위쪽에 무염 버터를 발라 3에 포갠다.
굵게 간 흑후추를 뿌려 마무리한다.

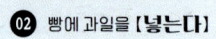

아보카도 ✕ 식빵

여성에게 특히 인기가 좋은 아보카도 샌드위치는 녹색의 그러데이션이 드러나는 단면이 인상적입니다.
레몬 혹은 라임, 소금, 후추로 밑간을 확실히 해 두는 것이 아보카도의 맛을 끌어올리는 비결입니다.

슬라이스 아보카도 샌드위치

재료(1세트)

사각 식빵(12장들이) …… 2장
무염 버터 …… 5g
레몬 커드(p.46~47 참고) …… 15g
아보카도 …… 1/2개(60g)
레몬즙 …… 소량
소금 …… 소량
백후추 …… 소량

만드는 법

1. 아보카도는 가로로 얇게 슬라이스(p.25 자르는 법 6 참고)한다. 트레이 위에 펼쳐 놓고 소금, 백후추, 레몬즙을 뿌려 밑간을 한다.

2. 식빵 한 장의 한쪽 면에 무염 버터를 바른다. 사진을 참고해 1을 두 줄로 나눠 조금씩 겹치도록 나란히 놓는다.

3. 다른 식빵의 한쪽 면에 레몬 커드를 발라 2에 포갠다.

4. 식빵의 테두리를 제거하고 3등분으로 자른다.

아보카도에 소금과 백후추를 뿌리면 맛이 보완되어 한층 풍미가 살아난다. 뚜렷한 산미와 감칠맛이 조화를 이루는 레몬 커드와의 조합이 신선함을 더한다.

과카몰레 & 크림치즈 샌드위치

아보카도로 만드는 과카몰레(Guacamole)는 대표적인 멕시코 살사 중 하나입니다.
완전히 으깨 페이스트 상태로 만들어도 좋지만, 샌드위치를 만들 때는 적당히 다져 식감을 살리는
방법을 추천합니다. 크림치즈와도 잘 어울리며 잘랐을 때의 모양도 예쁩니다.

재료(1세트)

통밀 식빵(10장들이) …… 2장
크림치즈 …… 25g
과카몰레※ …… 90g
무염 버터 …… 5g

※ 과카몰레(만들기 좋은 양)
아보카도 1개(135g)의 씨를 제거하고 껍질을
벗겨 적당히 자른다. 라임즙 20g을 뿌리고 적
양파(잘게 다진 것) 25g, 토마토(적당히 다진
것) 40g, 고수(잘게 다진 것) 3g을 조합해 소
금, 백후추로 간을 맞춘다.

만드는 법

1. 식빵 한 장의 한쪽 면에 크림치즈를 바르고
과카몰레를 올린다.

2. 다른 식빵의 한쪽 면에 무염 버터를 바르고
1에 포갠다.

3. 식빵의 테두리를 제거하고 3등분으로 자른다.

아보카도 × 호밀 식빵 + 식재료의 응용!

다른 빵으로!

아보카도 & 연어 호밀빵 샌드위치

아보카도와 해산물은 궁합이 좋습니다. 아보카도에 레몬이나 허브로 산미와 향을 더해 주면 호밀빵과 더욱더 잘 어우러지죠. 화이트 와인이나 프루티한 맥주와 함께 즐기기 좋은, 어른의 입맛에 맞는 샌드위치입니다.

재료(1세트)

호밀 식빵(12장들이) …… 3장
와사비 크림치즈※ …… 20g
아보카도 …… 1/2개(60g)
훈제 연어 …… 30g
무염 버터 …… 9g(3g×3)
허브 딜 …… 소량
레몬 껍질(그레이터에 간 것) …… 소량
레몬즙 …… 적당량
소금 …… 소량
백후추 …… 소량

※ 크림치즈 : 와사비 = 10 : 1의 비율로 만든다.

만드는 법

1. 아보카도는 세로로 얇게 슬라이스한다(p.25 자르는 법 6 참고). 트레이에 놓고 소금, 백후추, 레몬즙을 뿌려 밑간을 한다.

2. 식빵 한 장의 한쪽 면에 와사비 크림치즈를 바르고 사진을 참고해 1을 올린다.

3. 다른 식빵의 한쪽 면에 무염 버터 3g을 바르고 2에 포갠다.

4. 3 위에 무염 버터 3g을 바르고 훈제 연어를 올린 후 허브 딜과 레몬 껍질을 올린다.

5. 남은 식빵의 한쪽 면에 무염 버터 3g을 바르고 4에 포갠다.

6. 식빵의 테두리를 제거하고 3등분으로 자른다.

아보카도 딥 & 새우 크루아상 샌드위치

버터의 풍미가 가득한 크루아상과 아보카도의 조합은 훌륭합니다. 거기에 새우를 넣으면 더욱더 풍부한
맛을 즐길 수 있죠. 라임 껍질로 상큼한 향까지 더해 주면 더욱 조화로운 맛이 납니다.

재료(1세트)

크루아상 …… 1개(40g)
무염 버터 …… 5g
마요네즈 …… 2g
과카몰레(p.121 참고) …… 25g
크림치즈 …… 25g
적오크 상추(그린 리프, 서니 레터스도 가능)
…… 10g
껍질 없는 새우(자숙) …… 20g
라임 껍질(그레이터에 간 것) …… 소량

만드는 법

1. 과카몰레와 크림치즈를 잘 섞어 준다.

2. 크루아상에 가로로 칼집을 내고 안쪽에 무염 버터를 바른다.

3. 2에 적오크 상추를 넣고 그 위에 **1**을 얹은 후, 가는 선 모양으로 마요네즈를 뿌리고 새우를 올린다.

4. 라임 껍질을 뿌려 마무리한다.

123

베리 ✕ 식빵

베리류는 생과일 그대로 빵과 조합해도, 잼으로 만들어 조합해도 모두 잘 어울립니다.
하지만 알갱이가 작기 때문에 단면 모양을 예쁘게 내려면 신경 써서 배열할 필요가 있죠.
신선한 베리만 써도 좋지만, 잼을 더해 주면 재료의 맛이 한층 살아납니다.

동글동글 블루베리 샌드위치

재료(1세트)

사각 식빵(10장들이) ······ 2장
블루베리 크림치즈(p.35 참고)
······ 80g(40g+40g)
블루베리 ······ 22개

만드는 법

1. 식빵 한 장의 한쪽 면에 블루베리 크림치즈 40g을 바른다.

2. 사진을 참고해 **1** 위에 블루베리를 올린다.

3. 다른 식빵의 한쪽 면에 블루베리 크림치즈 40g을 바르고 **2**에 포갠다.

4. 식빵의 테두리를 제거하고 3등분으로 자른다.

자를 위치에 블루베리를 5개씩 올리고 그 사이와 위아래에 각각 4개씩 배열한다. 사이즈가 큰 알들을 자르는 쪽에 배열하면 단면 모양이 예쁘게 나온다.

라즈베리 치즈 케이크 샌드위치

라즈베리와 함께 사용하는 재료는 무려 치즈 케이크!
새콤달콤한 라즈베리의 맛을 만끽할 수 있는, 먹는 즐거움이 가득한 조합입니다.
치즈 케이크를 가토 쇼콜라로 바꾸거나 쿠키를 부숴 조합해도 근사한 맛이 납니다.

재료(1세트)

사각 식빵(10장들이) …… 2장
라즈베리잼(p.33 참고) …… 20g
베이크드 치즈 케이크(시판 제품/
10mm 두께로 슬라이스한 것) …… 40g
마스카르포네 & 생크림(p.43 참고)
…… 40g(15g+25g)
라즈베리 …… 9개

만드는 법

1. 식빵 한 장의 한쪽 면에 라즈베리잼을 바른다.

2. 1 위에 베이크드 치즈 케이크를 올린다. 그 위에 짤주머니에 넣은 마스카르포네 & 생크림 15g을 짜 준다.

3. 사진을 참고해 2 위에 라즈베리를 배열한다. 자르는 위치에 놓을 라즈베리 8개는 알이 큰 것으로 골라, 잘랐을 때 가운데 구멍이 수직으로 잘 보이도록 놓는다. 남은 1개의 라즈베리를 3등분해 두 줄 사이에 넣는다.

4. 다른 식빵의 한쪽 면에 마스카르포네 & 생크림 25g을 바르고 3에 포갠다.

5. 식빵의 테두리를 제거하고 3등분으로 자른다.

베리 × 베이글

다른 빵으로!

블루베리 & 크림치즈 베이글 샌드위치

베이글과 블루베리, 크림치즈는 그야말로 실패가 없는 조합입니다.
쫀득한 베이글과 진한 크림치즈 속에서 탱글탱글한 블루베리의 상큼함을 즐겨 보세요.

재료(1세트)

베이글(플레인)※ ······ 1개(100g)
블루베리 크림치즈(p.35 참고)
······ 80g (40g+40g)
블루베리 ······ 20개

※ 건블루베리가 들어간 베이글을 사용하면
　 더욱더 진한 맛을 느낄 수 있다.

만드는 법

1. 베이글은 가로로 반 자른다.

2. 1의 양쪽 면에 블루베리 크림치즈를 40g씩
바른다.

3. 2의 아래쪽에 블루베리를 올리고 윗부분과
포개 반으로 자른다.

바게트 쇼콜라 프랑브아즈

바게트에 판초콜릿을 넣은 샌드위치는 프랑스 아이들에게 사랑받는 간식입니다.
여기에 버터와 라즈베리잼을 더하면 어른을 위한 스위츠로 변신하죠.
부드러운 맛을 즐기려면 밀크 초콜릿을, 깊은 맛을 느끼려면 비터 초콜릿을 사용해 보세요.

재료(1세트)

바게트 …… 1/3개(80g)
무염 버터 …… 8g
판초콜릿 …… 40g
라즈베리잼(p.33 참고) …… 25g
피스타치오(슈퍼 그린) …… 2g

만드는 법

1. 바게트에 가로로 칼집을 내고 안쪽에 무염 버터를 바른다.

2. 넣기 좋은 사이즈로 자른 판초콜릿을 바게트에 끼우고 그 위에 라즈베리잼을 얹는다.

3. 굵게 다진 피스타치오를 뿌려 마무리한다.

＊ 바게트에 프랑브아즈 쇼콜라 페이스트(p.51 참고)만 넣어도 맛있다.

일본풍 조합: 딸기 × 식빵 + 일본의 식재료

딸기 찹쌀떡 스타일의 간식 샌드위치

친숙한 딸기 샌드위치를 일본풍으로 응용한 샌드위치. 쫀득한 규히※의 식감이 매력적인 균형 잡힌
조합으로 커피, 홍차와도 잘 어울립니다. 적은 양의 딸기로도 높은 만족감을 얻을 수 있는,
폭넓은 연령층에게 사랑받는 맛이죠. 딸기 외의 다른 과일을 사용해도 좋습니다.

재료(1세트)

사각 식빵(10장들이) …… 2장
팥소 …… 40g
규히 시트(업소용 냉동 제품)※
…… 1/3장(10g)
마스카르포네 & 생크림(p.43 참고)
…… 40g(15g+25g)
딸기 …… 3개

※ 시판되는 샤브샤브용 떡으로 대체할 수 있다.
600W의 전자레인지에 30초 정도 돌려 부드
럽게 녹여 사용한다.

만드는 법

1. 식빵 한 장의 한쪽 면에 팥소를 바르고 해
동한 규히 시트를 올린다.

2. 1 위에 마스카르포네 & 생크림 15g을 바르고
사진을 참고해 세로로 2등분한 딸기를 올린다.

3. 다른 식빵의 한쪽 면에 마스카르포네 & 생
크림 25g을 바르고 2에 포갠다.

4. 식빵의 테두리를 제거하고 3등분으로 자른다.

※ 찹쌀가루에 물엿, 설탕 등을 넣고 졸여 얇게 빚은 떡 질감의 일본식 과자 옮긴이 주

살구와 백앙금을 넣은 간식 샌드위치

새콤달콤한 살구와 백앙금은 궁합이 좋습니다. 통조림 살구에 잼을 더하면 살구의 향과 풍미가 극대화
됩니다. 참깨 향이 느껴지는 마스카르포네 크림과의 절묘한 밸런스가 향수를 자극함과 동시에 신선한
맛을 선사합니다.

재료(1세트)

사각 식빵(10장들이) ⋯⋯ 2장
백앙금 ⋯⋯ 50g
규히 시트(업소용 냉동 제품)※
⋯⋯ 1/3장(10g)
살구 통조림 ⋯⋯ 4조각
살구잼(p.28~29 참고) ⋯⋯ 15g
마스카르포네 참깨 크림(p.48 참고) ⋯⋯ 25g
흰 참깨(간 것) ⋯⋯ 소량

※ 시판되는 샤브샤브용 떡으로 대체할 수 있다.
  600W의 전자레인지에 30초 정도 돌려 부드
  럽게 녹여 사용한다.

만드는 법

1. 식빵 한 장의 한쪽 면에 백앙금을 바르고
해동한 규히 시트를 올린다.

2. 사진을 참고해 **1** 위에 살구(통조림)를 올리
고 사이사이에 살구잼을 얹는다.

3. 다른 식빵의 한쪽 면에 마스카르포네 참깨
크림을 바르고 **2**에 포갠다.

4. 식빵의 테두리를 제거하고 3등분으로 자른
다. 흰 참깨를 뿌려 마무리한다.

03

빵에 과일을
올리고, 바른다

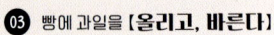
오렌지 × 식빵 [토스트한 빵에 올리기]

바삭하게 구운 토스트에 버터와 마멀레이드를 듬뿍 올리면 영국인들에게 익숙한 아침 식사가
완성됩니다. 마멀레이드의 은은한 쌉쌀함과 달콤함, 버터 향과 토스트의 고소함이 어우러지는
이 맛은 매일 먹어도 질리지 않죠. 영국식으로 만들려면 얇게 슬라이스한 빵을 사용해 보세요.
얇고 바삭한 토스트만의 매력적인 맛을 느낄 수 있습니다.

마멀레이드 & 버터 토스트

재료(1접시)

잉글리쉬 브레드(10장들이)※ …… 1장
무염 버터※※ …… 적당량
오렌지 마멀레이드 …… 적당량

※ 영국 본토의 스타일에 가깝게 만들고 싶다면
　리치한 고급 식빵보다 린 타입의 빵을 쓰자.

※※ 빵에 염분이 있기 때문에 무염 버터와 마멀
　레이드로 달달함과 염분의 균형을 잡는다.
　확실한 맛의 대비를 즐기고 싶다면 가염 버
　터를 사용해도 좋다.

만드는 법

1. 잉글리쉬 브레드를 굽는다.

2. 1에 무염 버터를 바른 다음 오렌지 마멀레
이드를 얹는다.

＊ 이 레시피에서는 오렌지 마멀레이드를 사용
　했다. 분탄 마멀레이드(p.31) 만드는 법을 참
　고하고 오렌지나 감귤 등 취향에 맞는 재료
　를 골라 사용하자.

라즈베리 × 바게트

'프랑스의 조식' 하면 떠오르는 것이 바로 타르틴(Tartine)입니다. 타르틴은 '바르다'라는 동사 타르티네(Tartiner)의 명사형으로, 빵에 잼이나 버터를 바른 것을 말합니다. 바게트를 수평으로 자르는 이유는 크럼(빵의 속부분)에 기포가 많기 때문인데, 이렇게 하면 듬뿍 올린 버터와 잼을 크러스트(빵의 겉 부분)가 든든히 받쳐 줍니다. 버터와 잼이 기포 이곳저곳에 불규칙적으로 스며들어 한입 베어 물 때마다 다른 맛을 느낄 수 있는 것이 매력입니다. 린 타입의 빵인 만큼 맛있는 버터와 잼을 아낌없이 사용해 봅시다.

라즈베리잼 타르틴

재료(1접시)

바게트 ····· 1/3개
무염 발효 버터 ····· 적당량
라즈베리잼(p.33 참고)※ ····· 적당량

※ 잼은 취향에 따라 선택하면 된다. 여러 종류의 잼을 섞어 쓰거나 초콜릿, 꿀을 조합해도 좋다.

만드는 법

1. 바게트를 수평으로 자른다.

2. 1에 무염 발효 버터를 바르고 라즈베리잼을 얹는다.

＊ 국내에서는 비발효 버터가 주류지만 프랑스에서는 주로 발효 버터를 쓴다. 젖산발효를 통해 은은한 산미를 자아내는 진한 풍미가 특징. 맛있는 바게트를 사용해 진정한 본토의 맛을 느껴 보고 싶다면 좋은 품질의 버터를 선택해 보자.

바나나, 아몬드 × 식빵 재료를 올려 굽기

미국에서는 바나나와 땅콩버터를 조합한 샌드위치를 다양하게 즐기는데요. 여기에서는
아몬드 버터에 블루 치즈를 더한 응용 버전으로 어른의 입맛에 맞는 토스트를 만들어 보겠습니다.
쫀득한 바나나의 식감과 단맛은 짭짤한 블루 치즈와 잘 어울리며, 아몬드의 고소한 감칠맛과
어우러져 한층 더 깊은 맛을 냅니다. 개성 넘치는 재료를 사용할 때는 플레인 빵보다 소박한 통밀빵을
쓰는 것이 좋습니다.

바나나와 블루 치즈를 넣은 아몬드 버터 토스트

재료(1접시)

통밀 식빵(8장들이) ······ 1장
아몬드 버터(p.51 참고) ······ 40g
바나나 ······ 1개
블루 치즈※ ······ 10g
꿀 ······ 10g
슬라이스 아몬드(로스팅) ······ 2g

※ 이 레시피에서는 블루 도베르뉴를 사용했다.
  고르곤졸라나 푸름 당베르 등 마일드한 타입
  의 블루 치즈가 적합하다.

만드는 법

1. 통밀 식빵에 아몬드 버터를 바른다.

2. 바나나를 동그랗게 썰어 1에 올린다.

3. 작게 자른 블루 치즈를 바나나 위에 올리고
블루 치즈가 녹을 때까지 구워 준다.

4. 적당히 부순 아몬드 슬라이스와 꿀을 뿌려
마무리한다.

믹스 베리 × 크루아상

타르틴과 함께 프랑스인들에게 많은 사랑을 받는 대표적인 아침 식사. 바로 크루아상입니다.
프랑스에서는 카페오레에 적셔 먹는 경우도 많은데, 버터가 듬뿍 들어간 리치한 크루아상은 바게트에
비하면 다소 고급 식품이라 할 수 있죠. 일반 가정에서는 매일매일 먹기보다 주말의 특식으로 즐기는
일이 많다고 합니다. 크림과 잼, 신선한 베리가 어우러진 크루아상 타르틴의 풍성한 맛은 일품이죠.
주말의 브런치로 안성맞춤입니다.

믹스 베리와 라즈베리잼을 얹은 크루아상 타르틴

재료(1접시)

크루아상 …… 1개(42g)
마스카르포네 & 생크림(p.43 참고) …… 45g
라즈베리잼(p.33 참고) …… 20g
딸기 …… 1개
라즈베리 …… 3개
블루베리 …… 5개
피스타치오(슈퍼 그린) …… 소량

만드는 법

1. 크루아상을 가로로 반 자른다.

2. 1의 아래쪽 부분에 마스카르포네 & 생크림을 바르고 라즈베리잼을 얹는다.

3. 2에 라즈베리, 블루베리, 슬라이스한 딸기 등을 올리고 굵게 다진 피스타치오를 얹는다.

4. 크루아상의 윗부분을 같이 내어 3의 크림과 잼, 과일을 발라 가며 먹는다.

무화과 × 베를리너 란드브로트 [토스트한 빵에 올리기]

깊은 맛을 지닌 호밀빵에 참깨와 꿀을 곁들인 마스카르포네를 듬뿍 바르고 슬라이스한 무화과를
올립니다. 무화과의 소박한 단맛은 크림과 잘 어울리죠. 호밀빵과 깨의 고소함이 씹을수록
입 안에 퍼지는, 어딘가 향수를 불러일으키는 맛입니다.

무화과 타르틴 마스카르포네 참깨 크림

재료(1접시)

베를리너 란드브로트(10mm 슬라이스)※
······ 1장(25g)
마스카르포네 참깨 크림(p.48 참고) ······ 30g
무화과(작은 것)※※ ······ 2개
꿀 ······ 적당량

※ 호밀이 많이 들어간 독일의 빵으로 베를린
    스타일의 소박한 빵이다. 사워종 특유의 깊
    은 산미가 도드라지기 때문에 슬라이스 해서
    먹는 것을 추천. 구하기 쉬운 일반 호밀빵이
    나 기타 시골빵으로 대체할 수 있다.

※※ 여기에서는 작은 사이즈의 블랙미션(캘리포
    니아산 흑무화과)을 사용.

만드는 법

1. 베를리너 란드브로트를 살짝 구워 준다.

2. 1을 대각선으로 반 자르고 윗면에 마스카르
   포네 참깨 크림을 바른 뒤 슬라이스한 무화과
   를 올린다.

3. 취향에 따라 꿀을 뿌려 마무리한다.

사과 × 뺑 드 깜빠뉴

프랑스 노르망디에서 탄생한 흰곰팡이 치즈인 카망베르는 노르망디의 또 다른 특산물인 사과와
아주 잘 어울립니다. 슬라이스한 사과를 그대로 올려 신선한 향과 식감을 즐겨 보세요. 감칠맛 나는
치즈의 풍미와 상큼한 사과의 대비가 즐거움을 선사할 거예요. 라즈베리잼의 향과 호두의 고소함이
포인트가 되어 어른이 넘는 맛입니다. 와인과 함께 즐기기 좋은, 어른의 입맛에 맞는 타르틴입니다.

사과 카망베르 타르틴

재료(1접시)

뺑 드 깜빠뉴(12mm 슬라이스) ······ 1개(24g)
무염 버터 ······ 8g
슬라이스 햄 ······ 15g
사과※ ······ 5mm 두께의 반달 모양으로 껍질
째 슬라이스한 것 3장
카망베르(프랑스산) ······ 1/8개(250g/개당)
라즈베리잼(p.33 참고) ······ 20g
호두(로스팅) ······ 3g

※ 이 레시피에서는 홍옥을 사용했다. 선명한 산
　미와 아삭한 식감이 빵과 잘 어우러진다.

만드는 법

1. 뺑 드 깜빠뉴에 무염 버터를 바르고 슬라이
스 햄을 올린다.

2. 1에 사과와 3등분한 카망베르를 번갈아 배
열한다.

3. 라즈베리잼과 다진 호두를 뿌려 마무리한다.

믹스 넛츠 × 바게트

넛츠 꿀 절임은 꿀과 넛츠를 조합하기만 하면 완성입니다. 넛츠의 고소함과 감칠맛이 꿀의 진한
단맛과 어우러져 한번 먹으면 잊을 수 없는 맛을 선사합니다. 빵에 얹어 먹기만 해도 맛있지만
여기에 버터를 넣어 주면 환상적인 맛을 경험할 수 있습니다. 차가운 버터를 슬라이스해서 써 보세요.

꿀에 절인 믹스 넛츠 타르틴

재료(1접시)

바게트 …… 12mm로 어슷하게 썬 것 3장
무염 버터 …… 18g(6g×3장)
넛츠 꿀 절임(p.21 참고) …… 90g

만드는 법

1. 어슷하게 슬라이스한 바게트에 무염 버터
를 올린다.

2. 1에 꿀에 절인 믹스 넛츠를 얹는다.

아메리칸 체리 × 빵 드 깜빠뉴

발사믹 식초로 마리네한 아메리칸 체리는 진한 단맛과 함께 적당한 산미와 풍성한 풍미를
자아냅니다. 깔끔한 맛의 코티지 치즈가 아메리칸 체리의 맛을 한층 끌어올려 빵과 더 잘 어울리게
도와주죠. 꿀은 달콤함을 더해 줌과 동시에 체리와 치즈를 빵에 잘 고정시켜 주는 역할도 합니다.
포인트로 흑후추를 뿌려 마무리해 주면 전체적인 맛과 모양이 정돈됩니다.

아메리칸 체리 & 코티지 치즈 타르틴

재료(1접시)

빵 드 깜빠뉴(10mm 슬라이스) …… 1장(40g)
코티지 치즈 …… 36g
아메리칸 체리(씨 제거 후 3등분한 것)
…… 45g
발사믹 식초 …… 1작은술
꿀 …… 적당량
흑후추(굵게 간 것) …… 소량

만드는 법

1. 아메리칸 체리에 발사믹 식초를 뿌려 고루
스며들게 한다.

2. 빵 드 깜빠뉴를 대각선으로 반 자르고 코티
지 치즈를 바른다.

3. 2에 1을 올리고 꿀을 뿌린다. 흑후추를 뿌
려 마무리한다.

아메리칸 체리는 발사믹
식초로 가볍게 마리네하
여 맛을 끌어올린다.

밤 × 뺑 드 깜빠뉴 토스트한 빵에 올리기

따끈따끈한 밤의 단맛과 흑후추로 향을 더한 리코타의 어울림이 근사합니다. 심플한 모양만
봐서는 그 탁월한 맛을 상상하기 어렵지만, 한입 베어 물면 깊은 풍미가 입 안 가득 퍼지죠.
뺑 드 깜빠뉴를 살짝 구워 주면 빵의 고소함이 올라와 밤의 향과 함께 훌륭한 시너지를 냅니다.
리코타 크림에 꿀을 뿌려 단맛을 내고, 소금으로 맛을 잡아 주면 빵과의 밸런스가 좋아집니다.

밤 속껍질 조림 & 리코타 타르틴

재료(1접시)

뺑 드 깜빠뉴(12mm 슬라이스) ⋯⋯ 1장(40g)
리코타 크림(p.48 참고) ⋯⋯ 35g
밤 속껍질 조림(p.40~41 참고) ⋯⋯ 1개(30g)
흑후추(굵게 간 것) ⋯⋯ 소량

만드는 법

1. 뺑 드 깜빠뉴를 살짝 구워 준다.

2. 1에 리코타 크림을 바르고 적당한 크기로
자른 밤 속껍질 조림을 올린다. 흑후추를 뿌려
마무리한다.

레몬 × 크럼펫

쫀득한 식감의 크럼펫에 상큼한 레몬 커드를 듬뿍 올려 먹습니다. 레몬 껍질을 곁들여
한층 더 향긋한 맛을 느껴 보세요. 달걀과 버터가 심플한 맛에 적당한 무게감을 실어 줍니다.
향이 좋은 홍차와 함께 즐기는 것을 추천합니다.

크럼펫 & 레몬 커드

재료(1접시)

크럼펫※ ······ 1장
레몬 커드(p.46~47 참고) ······ 적당량
레몬 껍질(그레이터에 간 것) ······ 소량

만드는 법

1. 크럼펫을 구워 준다.

2. 1에 레몬 커드를 올리고 레몬 껍질을 뿌린다.

※ 크럼펫(Crumpet)은 발효 반죽으로 만드는 팬
  케이크 같은 가벼운 느낌의 빵으로 주로 영국
  에서 많이 먹는다. 달지 않은 맛과 쫀득하고 탄
  력 있는 식감이 특징으로, 이스트와 함께 베이
  킹파우더를 넣어 굽는데 그 과정에서 생기는
  수많은 기포 때문에 표면 곳곳에 구멍이 나 있
  다. 토스팅한 후 버터나 꿀, 잼을 곁들이는 것
  이 일반적이다.

아보카도 × 호밀빵 　토스트한 빵에 올리기

최근 인기가 높아지고 있는 아보카도 토스트. 호밀빵과 조합하면 더욱 맛있습니다.
빵을 구우면 고소함이 짙어지고 심플한 아보카도 딥의 신선함도 더 확실히 전달되죠.
슬라이스 아보카도를 써도 되지만, 페이스트를 만들어 빵에 바르면 먹기도 편하고 토스트와의
일체감도 한층 돋보입니다. 아보카도를 적당히 으깨 질감을 살리는 것과 소금이 고루 배어들도록
뿌려 주는 것이 포인트입니다.

아보카도 토스트

재료(1접시)

호밀 식빵(12장들이) …… 1장
아보카도 페이스트※ …… 1단위분
레드 페퍼(굵게 빻은 것) …… 소량

※ 아보카도 페이스트(만들기 좋은 양)
　아보카도 130g을 포크로 적당히 으깬 후 라임
　즙 10g, E.V.올리브오일 10g을 섞고 소금, 백
　후추로 맛을 잡아 준다.

만드는 법

1. 호밀빵을 구워 준다.

2. 1에 아보카도 페이스트를 바르고 X자로 4등
분한다. 레드 페퍼를 뿌려 마무리한다.

파인애플 × 식빵　`토스트한 빵에 올리기`

토스트에 생과일을 곁들이면 식감이 대비되어 신선함이 도드라지고, 구운 과일을 올리면
빵과 과일 각각의 맛과 향이 어우러져 풍미가 배가됩니다. 구운 파인애플과 베이컨을 조합해
달콤함과 짭짤함을 함께 즐겨 보세요. 깔끔한 맛의 리코타 크림이 강한 맛의 메인 재료와 빵을
조화롭게 이어 줍니다. 흑후추와 민트로 포인트를 주면 맛이 한층 돋보입니다.

구운 파인애플 & 베이컨 토스트

재료(1접시)

통밀 식빵(8장들이) ······ 1장
리코타 크림(p.48 참고) ······ 50g
파인애플(p.27 자르는 법 6 참고)
······ 8mm 두께의 둥근 슬라이스 1장
베이컨 ······ 1장
흑후추(굵게 간 것) ······ 소량
민트 잎 ······ 소량

만드는 법

1. 베이컨을 프라이팬에 굽고 6등분해 자른다.

2. 파인애플을 6등분한 후 프라이팬에서 양면
이 노릇노릇해질 때까지 굽는다.

3. 통밀 식빵을 구워서 반으로 자른다.

4. 3에 리코타 크림을 바르고 **1**과 **2**를 번갈아
배열한다. 흑후추를 뿌리고 잘게 뜯은 민트 잎
을 올려 마무리한다.

04

과일을 품은
빵

베리 × 식빵

서머 푸딩

서머 푸딩(Summer Pudding)은 영국의 전통 디저트로, 이름 그대로 여름에 즐기는 메뉴입니다.
베리를 듬뿍 넣고 설탕 등과 함께 조린 후, 식빵을 깔아 둔 틀에 부어 차갑게 식혀 고정시키면
완성입니다. 볼을 이용해 돔 형태로 만드는 경우가 많지만, 여기에서는 먹기 편한 1인분 사이즈로
만들어 봅시다. 충분한 양의 설탕을 졸여 걸쭉하게 만든 뒤 차갑게 식혀 모양을 내는 것이
전통적인 방식이지만 이 레시피에서는 달콤함을 절제하기 위해 젤라틴을 활용했습니다.
과즙을 빨아들인 빵이 기대 이상으로 맛있고 목 넘김도 좋기 때문에 더운 날에도 산뜻하게
즐길 수 있습니다. 디저트는 물론, 여름의 조식으로도 훌륭합니다.

※ 포도 주스를 레드 와인으로 대체하면 어른 입맛에 맞는 풍미로 완성된다. 아침에는 주스를, 밤의 디저트에는 레드 와인을 사용해 상황에 맞게 만들어 보자.

재료(200㎖ 글라스 2개 분량)

사각 식빵(6장들이) …… 3장
냉동 믹스 베리 …… 250g
꿀 …… 80g
포도 주스(과즙 100%)※ …… 100㎖
레몬즙 …… 1작은술
판젤라틴 …… 5g

〈토핑〉

마스카르포네 & 생크림(p.43 참고) …… 70g
블루베리, 라즈베리 …… 각 6개
민트 …… 소량

만드는 법

1 얼음을 충분히 넣은 얼음물에 판젤라틴을 겹치지 않게 1장씩 담근다.

4 1의 젤라틴을 꽉 짠 후 냄비에 넣어 준다.

8 7을 5에 담가 과즙이 충분히 스며들게 한다.

2 냄비에 냉동 믹스 베리, 꿀, 포도 주스, 레몬즙을 넣고 중불에서 조린다.

5 불을 끄고 저어 가면서 젤라틴을 녹인다.

9 가장 작은 8을 한 장 넣고, 5를 글라스의 2/5 정도 높이까지 채운 다음, 8의 중간 사이즈를 넣는다.

3 끓기 시작하면 거품을 걷어 낸다.

6 틀을 이용해 식빵을 동그랗게 자른다.

10 5를 듬뿍 넣고 8의 마지막 남은 한 장을 올린다.

7 각각 글라스의 바닥, 중앙, 윗부분의 사이즈에 맞춰 자른다. 글라스 한 개당 3장씩 준비하면 된다.

11 윗부분이 평평해지도록 눌러 준 다음, 랩을 씌워 냉장고에서 식혀 모양을 잡는다. 틀을 뒤집어 내용물을 꺼낸 후 마스카르포네 & 생크림을 올리고 블루베리, 라즈베리, 민트로 장식한다.

오렌지 ✕ 바타르

바타르와 오렌지를 조합한 서머 과일 푸딩

오렌지 주스가 깊숙이 스며든 바타르는 풍미가 상큼할 뿐아니라 목 넘김도 부드러워 아침 식사로
적합합니다. 오렌지 껍질 콩피만 미리 만들어 두면 불을 사용하지 않고 손쉽게 만들 수 있다는 점도
매력적입니다. 조식으로 즐기려면 전날 밤에 미리 콩피를 준비해 두는 것이 좋겠죠. 아이스크림 외에
생크림이나 고체형 요거트를 곁들여도 됩니다. 꿀을 이용해 단맛의 정도를 조절해 봅시다.

재료(1접시)

바타르(30mm 슬라이스) ······ 3장(25g×3)
오렌지 주스(과즙 100%) ······ 180㎖
바닐라 아이스크림 ······ 120g
오렌지(p.23 자르는 법 7 참고) ······ 3쪽
꿀 ······ 적당량
오렌지 껍질 콩피※ ······ 소량
피스타치오 ······ 소량

만드는 법

1. 바타르를 트레이에 올리고 오렌지 주스를
전체적으로 부어 준다. 차갑게 식으며 잘 스며
들도록 냉장고에 넣는다.

2. 1을 그릇에 담고 바닐라 아이스크림과 오렌
지를 올린다. 굵게 다진 피스타치오와 오렌지
껍질 콩피를 얹어 준다. 취향에 따라 꿀을 뿌
려 먹는다.

※ 오렌지 껍질 콩피
(만들기 좋은 양)
오렌지 껍질(1개 분량)은 하얀
부분을 제거한 후 채를 썬다. 끓
는 물에 데치고 물을 따라 버리
는 과정을 3번 반복한 다음. 체
에 거른다. 작은 냄비에 물 100
㎖와 그래뉴당 60g을 넣고 끓여
준다. 그래뉴당이 녹으면 오렌지
껍질을 넣고 약불에서 조린다.

무화과 × 브리오슈

무화과 서머 과일 푸딩

무화과 콩포트와 그 시럽을 사용한 서머 푸딩은 레드 와인 향이 감돌아 어른스러운 맛을 냅니다.
브리오슈를 사용하면 더욱더 리치한 맛을 느낄 수 있죠. 클래식한 서머 푸딩과 달리,
오픈 스타일로 만들면 과일 본연의 존재감이 한층 더 뚜렷해집니다.
제철 과일을 활용해 계절에 맞는 푸딩으로 응용해 보세요.

재료(1접시)

브리오슈 낭테르(4cm 크기의 큐브형)
······ 40g
무화과 콩포트(p.38 참고) 시럽 ······ 100㎖
무화과 콩포트(p.38 참고) ······ 70g
커스터드 크림(p.44~45 참고) ······ 35g
마스카르포네 & 생크림(p.43 참고) ······ 20g
아몬드 슬라이스(로스팅) ······ 소량
피스타치오(슈퍼 그린) ······ 소량

만드는 법

1. 브리오슈 낭테르를 트레이에 놓고 무화과 콩포트 시럽을 전체적으로 부어 준다. 차갑게 식으며 잘 스며들도록 냉장고에 넣는다.

2. 1을 그릇에 담고 둥근 깍지를 끼운 짤주머니에 커스터드 크림과 마스카르포네 & 생크림을 넣어 군데군데 짜 준다. 반으로 자른 무화과 콩포트를 올리고 아몬드 슬라이스와 굵게 다진 피스타치오를 뿌려 마무리한다.

한입 크기로 자른 브리오슈 낭테르는 시럽이 잘 스며들며 먹기도 편하다.

밤 × 브리오슈

밤 바바

프랑스의 발효 제과 중 특히 인기가 높은 바바(Baba)는 건포도가 들어간 발효 반죽을 구워,
럼주나 키르슈바서를 넣은 시럽에 적신 것입니다. 로렌 지방의 명과, 쿠글로프의 팍팍한 맛을
상쇄하기 위해 럼주를 뿌렸던 것이 탄생의 유래라고 알려져 있습니다.
밤 속껍질 조림과 시럽을 활용한 바바는 밤의 풍미와 럼주의 향이 어우러진 어른스러운 맛입니다.
이처럼 기본 스타일에 재료 한 가지만 더해 줘도, 탁월한 계절감을 표현할 수 있습니다.

재료(1세트)

바바(브리오슈 아 테트로 대용 가능)
…… 1개(60g)
밤 속껍질 조림(p.40~41 참고) …… 1개
밤 시럽※ …… 적당량
마스카르포네 & 생크림(p.43 참고) …… 40g

※ 밤 시럽
　밤 속껍질 조림의 시럽 100㎖를 끓여 럼주
　1큰술을 더한다. 시럽의 단맛이 부족할 때는
　그래뉴당을 더해 조절한다.

만드는 법

1. 밤 시럽을 30~35℃로 데워 바바를 적신다.
한 번씩 뒤집어 주면서 전체적으로 시럽이 잘
스며들도록 한다. 식힘망이 있는 트레이를 이
용. 망 위에 올려 필요 이상으로 묻어 있는 시
럽을 제거해 준다.

2. 1을 그릇에 담고 둥근 깍지를 끼운 짤주머
니에 마스카르포네 & 생크림을 넣어 짜 준다.
밤 속껍질 조림을 반으로 잘라 한쪽은 그대로
크림 위에 올리고, 다른 한쪽은 작게 조각내
얹어 준다.

＊ 바바는 반죽에 건포도를 넣어
코르크 마개 모양으로 굽고,
사바랭은 플레인 반죽을 사용
해 링 모양으로 굽는 경우가
많지만 바바의 모양이 한 가지
로 규정되어 있는 것은 아니
다. 일반적인 브리오슈 반죽보
다 묽어 짤주머니에 넣어 만드
는 레시피가 많다. 베이커리에
서 만들 때는 기존의 브리오슈
반죽을 대용으로 써도 좋다.
집에서는 시중에서 판매하는
브리오슈 아 테트나 둥근 모양
의 브리오슈를 쓰면 편하다.

황도 × 브리오슈

피치 멜바 스타일 사바랭

바바와 나란히 인기를 얻고 있는 사바랭(Savarin)은 바바에서 아이디어를 얻어 만들어진
메뉴입니다. 미식가 브리야 사바랭의 이름을 딴 것이 사바랭이라는 약칭으로 정착되었다고 하죠.
황도 통조림과 시럽을 활용한 사바랭을 라즈베리와 조합해 피치 멜바 스타일로 만들어 봅시다.
화려한 색감과 호화로운 맛이 매력적이며 아이스크림을 곁들여 먹어도 맛있습니다.

재료(1접시)

사바랭(브리오슈 아 테트로 대용 가능)
…… 1개(60g)
황도 통조림(2절) …… 1/2조각
황도 시럽※ …… 적당량
라즈베리잼 …… 20g
마스카르포네 & 생크림(p.43 참고) …… 40g
아몬드 슬라이스(로스팅) …… 3g
(있을 경우) 라즈베리 …… 3개

※ 황도 시럽(만들기 좋은 양)
  황도 통조림 시럽 100㎖를 끓여 키르슈바서
  1큰술을 첨가한다. 시럽의 단맛이 부족할 경우
  그래뉴당을 더해 조절한다.

만드는 법

1. 황도 시럽을 30~35℃로 데워 사바랭을 담
근다. 한 번씩 뒤집어 주면서 시럽이 고루 스
며들게 한다. 식힘망이 있는 트레이를 이용, 망
위에 올려 필요 이상으로 묻어 있는 시럽을 제
거해 준다.

2. 그릇에 1을 담고 사바랭 위쪽의 움푹한 부
분에 라즈베리잼을 넣는다. 황도(통조림)를 슬
라이스해 곁들이고 둥근 깍지를 끼운 짤주머
니에 마스카르포네 & 생크림을 넣어 짜 준다.
라즈베리를 올리고 아몬드 슬라이스를 뿌려
마무리한다.

---

* 사바랭과 바바 반죽을 만드는 법
  (만들기 좋은 양)
  강력분 200g, 달걀 2개(100g), 우유
  100㎖, 그래뉴당 25g, 소금 4g, 인
  스턴트 드라이 이스트 8g을 잘 섞어
  준다. 반죽이 완성되면 무염 버터(중
  탕으로 녹여 상온이 될 때까지 식힌
  것) 70g을 조금씩 첨가하며 잘 섞는
  다. 바바를 만들 때는 여기에 건포도
  70g을 넣는다. 35℃에서 30분 정도
  1차 발효를 한 뒤, 둥근 깍지를 끼운
  짤주머니에 넣고 틀 안에 짜 준다.
  35℃에서 15분 정도 두고, 틀의 80%
  가 채워질 만큼 부풀 때까지 발효시
  킨다. 200℃로 예열한 오븐에서 노
  릇해질 때까지 굽는다.

과일이 훌륭한 조연으로!
세계의 샌드위치

France

망고 머스터드를 곁들인
잠봉 프로마쥬

Jambon fromage et moutarde à la mangue

프랑스어로 잠봉은 햄, 프로마쥬는 치즈를 뜻합니다. 잠봉 프로마쥬에는 보통
하드 계열의 치즈를 사용하지만, 크리미한 흰곰팡이 치즈를 쓰면 한 단계 높은 맛을
즐길 수 있습니다. 프루티한 망고 머스터드와의 조합이 신선합니다.

Italy

멜론 & 생햄 파니노

Panino con melone e prosciutto

생햄과 과일의 조합은 이탈리안 전채요리, 안티파스토의 대표 메뉴입니다.
그중에서도 특히 멜론을 사용한 조합이 인기죠. 루꼴라를 넣은 심플한 파니노에
안티파스토의 요소를 첨가해 멜론을 듬뿍 넣어 줍니다. 적육계 멜론의 진한 단맛과
감칠맛이 생햄과 훌륭하게 어우러집니다. 올리브오일의 향기와 포카치아의 씹는 맛이
재료의 균형을 잡아 주며 레드 페퍼의 매콤함이 포인트가 되어 맛을 정돈해 줍니다.

피셀 ·········
망고 머스터드 ·········
흰곰팡이 치즈 ·········
슬라이스 햄 ·········

무염 버터 ·········

망고 머스터드를 곁들인 잠봉 프로마쥬

재료(1개 분량)

피셀 ······ 1개(110g)
무염 버터 ······ 14g
슬라이스 햄 ······ 40g
흰곰팡이 치즈※ ······ 30g
망고 머스터드(p.35 참고) ······ 15g

※ 브리, 카망베르 등 구하기 쉬운 흰곰팡이 치즈
를 써도 좋다. 이 레시피에서는 쿨로미에를 사
용했다.

만드는 법

1. 피셀에 가로로 칼집을 내고, 안쪽에 무염 버터를 바른다.

2. 1에 슬라이스 햄, 흰곰팡이 치즈 자른 것, 망고 머스터드를 순서대로 넣는다.

프랑스의 잠봉 프로마쥬는 바게
트로 만드는 것이 보통이지만
여기에서는 피셀을 사용했다.
얇고 길어서 햄과 치즈를 듬뿍
넣어도 편하게 먹을 수 있다.

포카치아 ······· E.V.올리브오일 + 레드 페퍼

멜론 ······· E.V.올리브오일
루꼴라 ·······
생햄 ·······

포카치아 ·······

멜론 & 생햄 파니노

재료(1세트)

포카치아 ······ 1장(120g)
E.V.올리브오일 ······ 10㎖
생햄(프로슈토) ······ 1장
적육계 멜론(빗 모양 썰기/
p.24 자르는 법 9 참고) ······ 42g
루꼴라 ······ 4g
레드 페퍼(굵게 간 것) ······ 소량

만드는 법

1. 포카치아는 가로로 반을 자르고, 아래쪽 빵에 준비한 E.V.올리브오일의 1/2을 뿌린다.

2. 1에 생햄, 루꼴라, 얇게 슬라이스한 멜론을 순서대로 올린다. 남은 E.V.올리브오일을 두르고 레드 페퍼를 뿌린 다음 위쪽 빵을 포갠다.

멜론 & 생햄 샐러드

파니노와 같은 조합으로 샐러드를 만들어도 좋습니다. 멜론과 생햄(프로슈토), 루꼴라를 그릇에 담은 후 멜론 소스※를 뿌립니다. 소스에 빵이 들어가 적당한 되직함이 생기기 때문에 다른 재료들과 잘 섞여 맛있게 즐길 수 있습니다.

※ 멜론 소스(만들기 좋은 양)
  멜론 100g, 화이트 와인 비네거 20㎖, E.V.올리브오일 80㎖, 빵(포카치아 혹은 바게트) 15g을 블렌더를 이용해 퓌레로 만든다. 소금, 백후추로 간을 맞춘다.

Vietnam

돼지고기 & 파인애플 반미

Bánh mì thịt lợn và dứa

프랑스 통치 시절 베트남에 전해진 빵 문화는 현재 베트남 식문화에서 중요한
위치를 차지하고 있습니다. 베트남 빵은 프랑스 바게트와 다소 차이가 있는데,
겉 부분이 얇고 식감이 가벼워 재료를 듬뿍 넣어도 밸런스가 좋죠. 아시아 특유의
조미료가 들어가 달콤함, 새콤함, 매콤함 등 다양한 맛의 조화를 음미할 수 있는
것이 특징입니다. 과일을 또 하나의 조미료로 삼으면 조합의 폭이 넓어집니다.

Taiwan

땅콩버터 믹스 샌드위치

花生醬口味綜合三明治

'땅콩버터 샌드위치' 하면 미국이 먼저 떠오르지만, 대만에서도 다양한 방법으로
땅콩버터를 활용하고 있습니다. 대만의 인기 샌드위치 전문점에서 선보이는
토스트 샌드위치는 땅콩버터의 깊은 맛과 향을 포인트로 사용하죠. 채소와 베이컨,
달걀 등이 들어간 익숙한 재료의 조합이지만, 색다른 맛을 느낄 수 있습니다.

고수

당근 나마스

파인애플

돼지고기 + 느억맘 + 소금 + 흑후추

소프트 프랑스빵

스위트 칠리소스

허니 마요네즈

돼지고기 & 파인애플 반미

재료(1개 분량)

소프트 프랑스빵 …… 1개(80g)
돼지고기 삼겹살(구이용) …… 45g
느억맘(남플라로 대체 가능) …… 1작은술
파인애플(p.27 자르는 법 6 참고)
…… 5mm 두께로 둥글게 자른 것 1/2개(15g)
허니 마요네즈※ …… 6g
스위트 칠리소스 …… 10g
당근 나마스※※ …… 10g
고수(잘게 뜯은 것) …… 3g
땅콩 …… 2g
소금 …… 소량
흑후추 …… 소량

※ 허니 마요네즈
　마요네즈 : 꿀 = 9 : 1의 비율로 섞어 준다.

※※ 당근 나마스(만들기 좋은 양)
　당근 100g을 얇은 직사각형 모양으로 채썬
　다. 쌀식초 30㎖, 물 30㎖, 사탕수수당 15g,
　소금 5g을 넣은 식초에 담근다.

만드는 법

1. 돼지고기에 소금을 솔솔 뿌리고, 프라이팬에서 양면을 고루 구워 준다. 느억맘을 넣어 버무리고 흑후추를 친다.

2. 파인애플은 4등분으로 자르고 프라이팬에서 양면이 노릇해지도록 굽는다.

3. 소프트 프랑스빵을 겉이 바삭해질 때까지 굽고 가로로 칼집을 낸 후 안쪽에 허니 마요네즈를 바른다.

4. 3에 **1**, 스위트 칠리소스, **2**, 당근 나마스, 고수, 굵게 다진 땅콩을 순서대로 넣는다.

반미는 베트남에서 빵 자체를 뜻하는 말로, 샌드위치 역시 반미라 부른다.

통밀 식빵	슬라이스 치즈
무염 버터	달걀프라이 + 소금 + 백후추
허니 마요네즈	베이컨
무염 버터	
무염 버터	통밀 식빵
허니 마요네즈	토마토 + 소금 + 흑후추
허니 마요네즈	오이
땅콩버터	통밀 식빵

땅콩버터 믹스 샌드위치

재료(1세트)

통밀 식빵(8장들이) …… 3장
땅콩버터 …… 25g
무염 버터 …… 9g(3g×3)
오이(2mm 두께의 세로 슬라이스)
…… 1/2개(40g)
토마토(빗 모양 썰기) ……1/2개(60g)
베이컨 …… 2장(20g)
달걀 …… 1개
슬라이스 치즈 …… 1장(20g)
허니 마요네즈(p.160 참고) …… 6g(2g×3)
소금 …… 소량
흑후추 …… 소량
백후추 …… 소량

만드는 법

1. 통밀 식빵을 살짝 구워 준다.

2. 달걀은 식용유(분량 외)를 두른 프라이팬에서 프라이하고(양면을 굽는다) 소금, 백후추를 뿌린다. 베이컨은 반으로 잘라 소테한다.

3. 구운 식빵 한 장에 땅콩버터를 바르고 오이를 배열한다. 그 위에 짤주머니에 넣은 허니 마요네즈 2g을 선 모양으로 뿌리고 빗 모양으로 4등분한 토마토를 얹는다. 토마토에 소금과 흑후추를 조금씩 첨가하고 허니 마요네즈 2g을 선 모양으로 뿌린다. 무염 버터 3g을 바른 다른 식빵으로 포갠다.

4. 3 위에 무염 버터 3g을 바르고, **2**의 베이컨을 배열한다. 허니 마요네즈 2g을 선 모양으로 뿌린 후 **2**의 달걀프라이와 슬라이스 치즈를 올린다. 무염 버터를 바른 마지막 식빵을 포개고 반으로 자른다.

U.S.A.

레몬 크림치즈 & 훈제 연어
베이글 샌드위치

Lemon cream cheese and smoked salmon bagle sandwich

크림치즈와 연어는 베이글 샌드위치 최고의 인기 재료입니다. 베이글 전문점에
가면 다양한 풍미의 크림치즈가 준비되어 있어, 자유로운 조합이 가능합니다.
소금에 절인 레몬을 다져 크림치즈와 조합한 상큼한 딥은 연어와 무척 잘 어울립니다.
레몬 껍질과 딜까지 곁들이면 더욱 풍부한 향을 즐길 수 있습니다.

U.S.A.

쿠바 샌드위치

Cuban sandwich

쿠바 노동자들의 일상식이었다고 알려진 이 샌드위치는 쿠바 이민자가 많은
마이애미에서부터 그 인기가 확산되었습니다. 쿠바 브레드에 쿠바식 로스트 포크,
햄, 치즈, 딜 피클을 넣은 후 잘 눌러 가며 바삭하게 구워 줍니다. 로스트 포크는
감귤즙과 스파이스, 올리브오일로 만든 마리네이드에 담가 두는 것이 특징이며,
샌드위치의 맛을 결정짓는 중요한 요소입니다.

베이글 ·········
크림치즈 + 소금 절임 레몬 ·········
딜 + 레몬 껍질
훈제 연어
크림치즈 + 소금 절임 레몬 ·········
베이글 ·········

레몬 크림치즈 & 훈제 연어 베이글 샌드위치

재료(1세트)

플레인 베이글 …… 1개(100g)
크림치즈 …… 100g
소금 절임 레몬※ …… 15g
훈제 연어 …… 30g
딜(신선한 것) …… 소량
레몬 껍질(그레이터에 간 것) …… 소량

※ 소금 절임 레몬
껍질을 제거하지 않은 레몬을 5mm 두께로 슬라이스한다. 중량의 12% 분량의 소금을 넣어 보존 용기에 넣는다. 소량일 때는 지퍼백에 넣어 공기를 뺀 다음. 하룻밤 재워 두면 맛이 고르게 스며든다. 보존이 필요할 때는 냉장고에 넣는다.

만드는 법

1. 소금에 절인 레몬을 잘게 다져 크림치즈에 섞는다.

2. 베이글은 가로로 반을 잘라 안쪽에 **1**을 반반씩 바른다.

3. 아래쪽 빵에 훈제 연어를 올리고 딜과 레몬 껍질을 얹은 후 위쪽 빵을 포갠다.

베이글을 끓는 물에 살짝 데치면 특유의 쫀득함이 살아난다.

소프트 프랑스빵 ‥‥‥‥‥

무염 버터 ‥‥‥
옐로우 머스터드 ‥‥‥‥
무염 버터 ‥‥‥

슬라이스 치즈
딜 피클
슬라이스 햄
쿠바식 로스트 포크 소스

쿠바식 로스트 포크
소프트 프랑스빵

쿠바 샌드위치

재료(1개 분량)

소프트 프랑스빵 ‥‥‥‥ 1개(80g)

무염 버터 ‥‥‥‥ 6g

옐로우 머스터드 ‥‥‥‥ 5g

쿠바식 로스트 포크※(슬라이스) ‥‥‥‥ 70g

쿠바식 로스트 포크 소스※※ ‥‥‥‥ 5g

슬라이스 햄 ‥‥‥‥ 1장(25g)

딜 피클(딜 풍미의 미니 오이 피클) ‥‥‥‥ 8g(1개)

슬라이스 치즈(이 레시피에서는 라클렛 치즈를 사용) ‥‥‥‥ 35g

※ 쿠바식 로스트 포크(만들기 좋은 양)
E.V.올리브오일 100㎖, 오렌지 주스(과즙 100%) 100㎖, 라임 1개
를 짠 즙, 고수 1/2단, 마늘 2편을 다진 것, 큐민 1작은술, 소금 1.5
작은술, 오레가노 1작은술, 파프리카 파우더 1작은술, 약간의 백
후추를 섞어 마리네이드를 만든다. 돼지고기 어깨살 1kg을 마리
네이드에 담그고, 냉장고에 2~3일 두어 맛이 충분히 스며들게
한다(지퍼백에 넣고 공기를 빼면 좋다). 마리네이드에서 꺼내 프
라이팬에 노릇해질 때까지 굽고, 트레이에 올려 160℃로 예열한
오븐에서 약 45분 동안 익힌다.

※※ 구운 후 트레이에 남은 국물과 마리네이드를 섞어 양이 반 정도
로 줄 때까지 졸여 준다.

만드는 법

1. 소프트 프랑스빵에 가로로 칼집을 내고 안쪽에 무염 버터를
바른다. 위쪽 부분에는 옐로 머스터드를 덧발라 준다.

2. 1에 쿠바식 로스트 포크, 쿠바식 로스트 포크 소스, 슬라이스
햄, 슬라이스 딜 피클, 슬라이스 치즈를 순서대로 넣는다.

3. 프라이팬에 무염 버터(분량 외)를 녹여 2를 넣고, 위에서 꾹꾹
눌러 주며 굽는다. 갈색빛이 돌 정도로 바삭하게 구워지면 뒤집어
서 속의 치즈가 녹을 때까지 고루 구워 준다.

＊ 프레스해서 구울 경우, 파니니 그릴을 사용해도 좋다.

'프루티 & 스파이시'가 매력인
마리네이드를 소스로 활용해
보자. 트레이에 남은 국물과 함
께 졸이면 더 깊은 맛이 난다.

England

티 샌드위치

Tea sandwiches

애프터눈 티를 즐기는 문화에서 탄생한 메뉴로, 깔끔하게 먹을 수 있는 두께와
사이즈가 매력적인 핑거 샌드위치입니다. 테두리를 제거한 얇은 빵에 잘 어울리는
고급스러운 재료, 그리고 빵과 내용물의 조화를 이끌어내는 품질 좋은 버터.
심플한 만큼 재료 본연의 맛이 더욱 극대화되어 만들 때마다 새로운 발견이 있는
샌드위치입니다. 달걀, 햄, 오이가 들어간 기본형에 마멀레이드를 첨가하면
스위츠로서의 요소까지 갖춰져 티타임에 더욱 돋보이는 존재가 됩니다.

망고 소스가 들어간
돈가스 샌드위치

マンゴーソースの厚切りとんかつサンド

많은 이에게 사랑받는 인기 샌드위치. 직접 만드는 만큼, 두툼한 두께로
풍성하게 만들어 돈가스 본연의 맛을 최대한 끌어올려 봅시다. 알맞게 기름이
낀 돼지고기 어깨살을 두 번에 걸쳐 정성껏 튀겨 풍부한 육즙을 지켜 냅니다.
맛을 좌우하는 것은 망고잼을 넣은 특제 소스. 그 새콤달콤함이 돼지고기의 맛을
확실히 살려 줍니다.

호밀 식빵 ·········· ·········· 마멀레이드

무염 버터 ··········

호밀 식빵 ··········

사각 식빵 ··········

무염 버터 ·········· ·········· 오이 + 화이트 와인 비네거 + 소금 + 백후추

사각 식빵 ··········

호밀 식빵 ··········

무염 버터 ·········· ·········· 슬라이스 햄
·········· 마멀레이드

호밀 식빵 ··········

사각 식빵 ··········

무염 버터 ·········· ·········· 달걀 샐러드

사각 식빵 ··········

티 샌드위치

재료(1세트)

a. 달걀 샌드위치
사각 식빵(12장들이) ······ 2장
무염 버터 ······ 8g
달걀 샐러드※ ······ 60g

b. 햄 샌드위치
호밀 식빵(12장들이) ······ 2장
무염 버터 ······ 8g
마멀레이드※※ ······ 15g
슬라이스 햄 ······ 25g

c. 오이 샌드위치
사각 식빵(12장들이) ······ 2장
무염 버터 ······ 8g
오이(2mm 두께의 세로 슬라이스)
······ 1/2개(40g)
화이트 와인 비네거 ······ 소량
소금 ······ 소량
백후추 ······ 소량

d. 마멀레이드 샌드위치
호밀 식빵(12장들이) ······ 2장
무염 버터 ······ 10g
마멀레이드※※ ······ 30g

※ 달걀 샐러드(만들기 좋은 양)
삶은 달걀 1개를 적당히 으깨 소
금, 백후추로 간을 한 후 마요네즈
10g을 섞는다.

※※ 마멀레이드
이 레시피에서는 분탄 마멀레이
드(p.31)를 사용. 기호에 따라 오
렌지 마멀레이드 등을 써도 된다.

만드는 법

a. 달걀 샌드위치를 만든다. 각 식빵의 한쪽 면에
무염 버터를 반씩 바르고 달걀 샐러드를 넣는다.

b. 햄 샌드위치를 만든다. 각 식빵의 한쪽 면에 무
염 버터를 반씩 바르고, 2장 중 1장에 마멀레이드
를 덧바른 후 슬라이스 햄을 올리고 다른 한 장의
빵을 포갠다.

c. 오이 샌드위치를 만든다. 오이를 트레이에 놓고
소금, 백후추를 뿌린 후 화이트 와인 비네거를 끼
얹어 10분 정도 마리네한다. 각 식빵의 한쪽 면에
무염 버터를 반씩 바르고, 페이퍼 타월로 여분의
물기를 제거한 오이를 넣는다.

d. 마멀레이드 샌드위치를 만든다. 식빵 한 장의
한쪽 면에 무염 버터를 바르고 다른 한 장에 마멀
레이드를 발라 포갠다.

마무리

달걀 샌드위치와 햄 샌드위치, 오이 샌드위치와 마
멀레이드 샌드위치를 층층이 포갠 후 테두리를 제
거하고 6등분으로 자른다.

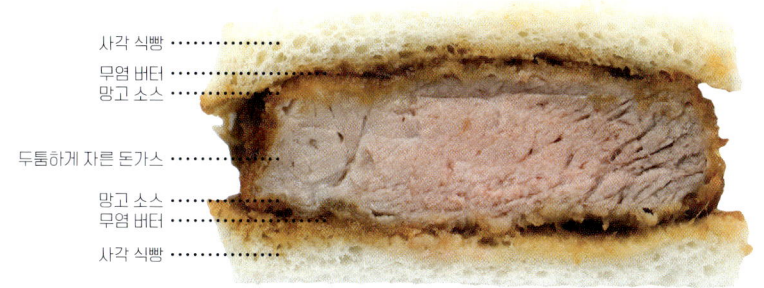

사각 식빵 ······
무염 버터 ······
망고 소스 ······

두툼하게 자른 돈가스 ······

망고 소스 ······
무염 버터 ······

사각 식빵 ······

망고 소스가 들어간 돈가스 샌드위치

재료(1세트)

사각 식빵(8장들이) ······ 2장
무염 버터 ······ 6g
돼지고기 어깨살(두껍게 썬 것)
······ 1장(200g)
망고 소스(p.35 참고) ······ 35g
빵가루 ······ 적당량
달걀 ······ 1/2개
박력분 ······ 적당량
식용유 ······ 적당량
소금 ······ 소량
백후추 ······ 소량

만드는 법

1. 두툼한 돈가스를 만든다. 상온 상태로 꺼내 둔 돼지고기 어깨살을 두드려 힘줄을 제거하고 소금과 백후추를 고루 뿌린다. 박력분을 전체에 바르고 달걀물을 입힌 후 빵가루를 묻힌다. 160℃로 가열한 기름에서 약 7분간 튀긴다. 식힘망이 있는 트레이에 놓고 4분 정도 둔 후 180℃의 기름에서 한 면에 1분씩 다시 튀긴다.

2. 식빵은 미리 테두리를 제거한 후 각 장의 한쪽 면에 무염 버터를 바른다.

3. 1의 양면에 망고 소스를 반씩 바르고 2 사이에 넣은 후 3등분한다.

06

빵에 어울리는
과일을 사용한
세계 요리

커런트 & 호두(왼쪽)
재료(만들기 좋은 양)

당근 …… 150g
커런트 …… 15g
레몬즙 …… 1큰술
E.V.올리브오일 …… 1큰술
소금 …… 1/3작은술
백후추 …… 소량
호두(로스팅) …… 적당량

만드는 법

1. 당근은 치즈 그레이터의 굵은 쪽을 이용해 채썬다. 커런트는 뜨거운 물에 살짝 데친다.

2. 레몬즙, 소금, 백후추를 잘 섞은 후 E.V.올리브오일을 넣는다.

3. 1과 2를 조합해 1시간 이상 두어 맛이 잘 스며들게 한다. 굵게 다진 호두를 얹어 마무리한다.

망고 & 요거트(오른쪽 위)
재료(만들기 좋은 양)

당근 …… 150g
요거트 소스※ …… 1단위분
건망고 …… 15g
두카 …… 소량

※ 요거트 소스(1단위분)
수분을 제거한 요거트 50g, E.V.올리브오일 1큰술, 그레이터에 간 마늘 소량, 소금 1/3작은술, 백후추 소량을 섞는다.

만드는 법

1. 당근은 치즈 그레이터의 굵은 쪽을 이용해 채썬다.

2. 건망고를 채썬다.

3. 1과 2에 요거트 소스를 섞고 1시간 이상 두어 맛이 잘 스며들게 한다. 두카를 뿌려 마무리한다.

오렌지(오른쪽 아래)
재료(만들기 좋은 양)

당근 …… 150g
오렌지 주스 …… 2큰술
E.V.올리브오일 …… 2큰술
소금 …… 1/3작은술
백후추 …… 소량
오렌지 …… 1/2개
이탈리안 파슬리 …… 소량

만드는 법

1. 당근은 치즈 그레이터의 굵은 쪽을 이용해 채썬다.

2. 오렌지는 껍질을 벗기고 과육을 한쪽씩 떼어 낸다.

3. 오렌지 주스, 소금, 백후추를 잘 섞은 후 E.V.올리브오일을 넣는다.

4. 1과 2에 3을 더해 1시간 이상 두어 맛이 잘 스며들게 한다. 잘게 뜯은 이탈리안 파슬리 잎을 뿌려 마무리한다.

France

3종 과일이 들어간 당근 라페
Carottes râpées aux 3 fruits

심플한 당근 샐러드는 프랑스인들이 즐겨 먹는 사이드 디시입니다. 과일을 조합함으로써 자연스러운 단맛과 향기가 더해져 프루티한 풍미를 지닙니다. 샌드위치의 속 재료로도 추천합니다.
망고 & 요거트(오른쪽 위)에서 사용하는 두카(Dukkah)는 중동에서 탄생한 믹스 스파이스로 로스팅한 넛츠, 스파이스, 참깨, 소금 등을 섞은 것입니다. 여기에서는 헤이즐넛, 하얀 깨, 코리앤더, 큐민, 고춧가루, 소금이 들어간 시판 제품을 썼으나 취향에 맞게 만들어 사용할 수도 있습니다.

재료(2~3인분)

무화과※ ······ 5개

모차렐라 치즈 ······ 1개

레드 치커리(라디치오)※※ ······ 8~10장

살라미 ······ 4~6장

E.V.올리브오일 ······ 적당량

소금 ······ 소량

흑후추 ······ 소량

※ 이 레시피에서는 무화과 3종을 사용
   했다. 사용 품종: 승정도후인 1개, 블
   랙미션(캘리포니아산 흑무화과) 2개,
   청무화과 2개.

※※ 아삭아삭한 식감과 옅은 쌉쌀함, 부드
   러운 단맛의 밸런스가 좋다. 트레비스
   로 대체해도 좋다.

만드는 법

1. 무화과를 반으로 자른다. 모차렐라는
   한입 크기로 뜯고, 살라미는 반으로 자른다.

2. 그릇에 레드 치커리와 1을 골고루 담는
   다. 전체적으로 소금과 E.V.올리브오일을
   뿌려 준다. 흑후추로 마무리한다.

Italy

무화과와 살라미가 들어간 모차렐라 샐러드

Insalata con fichi, salame e mozzarella

이탈리아의 프레시 치즈인 모차렐라는 신선한 과일과의 궁합이 좋습니다. 제철 과일과 함께
샐러드나 전채요리로 만들어 먹는 것이 인기죠. 쫀득하게 익은 무화과와 조합하면 어른스러운 풍미를
즐길 수 있습니다. 살라미의 감칠맛과 짭짤한 맛, 레드 치커리의 은은한 쌉쌀함과 식감이 더해져
심플한 구성의 매력이 극대화됩니다.

재료(2인분)
아메리칸 체리 콩포트 시럽※ ····· 100㎖
생크림(유지방분 35%) ····· 100㎖
우유 ····· 100㎖
소금 ····· 한 꼬집
아메리칸 체리 콩포트※ ····· 10개
사워크림 ····· 50g
민트 ····· 소량

※ 아메리칸 체리 콩포트 만드는 법은 p.36을 참고. 사워 체리 통조림을 사용해도 좋다.

만드는 법
1. 아메리칸 체리 콩포트 시럽과 생크림, 우유, 소금을 섞어 준다.
2. 그릇에 1을 붓고 스푼으로 뜬 사워크림과 아메리칸 체리 콩포트를 얹어 준다. 잘게 썬 민트를 뿌려 마무리한다.

＊ 체리 외에 자두 등을 사용해도 좋다. 뚜렷한 산미를 가진 과일이 어울린다.

Hungary

체리 콜드 수프
Hideg cseresznyeleves

헝가리에서 여름의 명물 요리로 사랑받는 과일 콜드 수프. 디저트보다 애피타이저로 즐기는 일이 많습니다. 현지에서는 여름 과일을 생크림과 설탕으로 조린 후 밀가루로 점성을 더해 차갑게 식히지만, 콩포트 시럽을 활용하면 섞어 주는 것만으로 쉽게 만들 수 있습니다. 사워 체리를 사용하면 보다 본격적인 맛을 낼 수 있죠. 브리오슈나 밀크빵 등 은은한 단맛이 있는 빵에 잘 어울립니다.

재료(3~4인분)

수박 ····· (과육)400g
토마토 ····· 300g(약 1.5개)
양파 ····· 60g
셀러리 ····· 30g
레드 파프리카
····· (씨와 껍질을 제거한 것)70g
바게트 ····· 50g
마늘 ····· 1/4편
E.V.올리브오일 ····· 2큰술
화이트 와인 비네거 ····· 1큰술
레몬즙 ····· 1큰술
소금 ····· 1/4작은술
백후추 ····· 소량
카이엔 페퍼 ····· 소량
바질 ····· 소량

만드는 법

1. 수박은 씨와 껍질을 제거해 계량한 후
한입 크기로 자른다. 토마토는 뜨거운 물
에 데쳐 껍질을 벗기고 한입 크기로 자른
다. 파프리카는 씨와 껍질을 제거해 계량
한 후 한입 크기로 자른다.

2. 양파와 셀러리를 잘게 다진다.

3. 바게트는 한입 크기로 자르고, 물 80㎖
를 붓는다.

4. 블렌더에 1, 2, 3을 넣고 마늘, E.V.올
리브오일, 화이트 와인 비네거, 레몬즙, 소
금, 백후추를 추가해 부드러워질 때까지
간다.

5. 동그랗게 떠낸 수박(분량 외)과 바질을
곁들이고, E.V.올리브오일 소량(분량 외),
카이엔 페퍼를 뿌려 마무리한다.

＊ 딸기나 라즈베리 등 붉은 베리류를 넣
어 응용해도 좋다.

Spain

수박 토마토 가스파초
Gazpacho de sandía y tomate

스페인 안달루시아 지방에서 탄생한 콜드 수프는 주로 토마토를 베이스로 하며, 빵을 넣어 점도를
조절하는 것이 특징입니다. 여름 수프로 세계적인 인기를 얻고 있으며 과일을 사용한 버전도 많은
사랑을 받고 있죠. 특히 수박을 조합한 수프는 여름철 추천 메뉴입니다. 기분 좋은 목 넘김, 산뜻한
단맛과 산미의 조화를 느낄 수 있습니다.

재료(3~4인분)

감자 ······ 200g
사과 ······ 200g
양파 ······ 150g
무염 버터 ······ 30g
치킨 부용 ······ 200㎖
우유 ······ 300㎖
소금 ······ 적당량
백후추 ······ 소량
블루 치즈※ ······ 적당량
바게트 ······ 적당량
생크림 ······ 적당량

※ 이 레시피에서는 푸름 당베르를 사용했
다. 고르곤졸라나 블루 도베르뉴 등 마
일드한 타입이 어울린다.

만드는 법

1. 감자는 껍질을 벗기고 얇게 썬다. 사과
는 껍질을 벗기고 씨를 제거한 후 은행잎
모양으로 자른다. 양파는 얇게 썬다.

2. 냄비에 무염 버터를 녹인 후 양파가 투
명한 색을 띨 때까지 볶아 준다. 감자와
사과를 넣고 같이 볶는다.

3. 2에 치킨 부용을 넣고 뚜껑을 닫은 후
감자가 부드러워질 때까지 중불에서 끓인
다. 우유를 부은 다음. 한 번 끓어오르면
핸드블렌더로 질감이 매끄러워질 때까지
휘젓고 소금과 백후추로 간을 맞춘다.

4. 그릇에 담은 후 생크림, 얇게 슬라이스
해 토스팅한 비게트, 한입 크기로 자른 블
루 치즈, 껍질째 채를 썬 사과(분량 외)를
토핑으로 올린다.

France

사과 감자 수프

Soupe aux pommes et pommes de terre

사과는 프랑스어로 '폼', 감자는 '대지의 사과'라는 의미로 '폼 드 테르'라고 합니다.
과일 사과와 대지의 사과를 조합한 수프는 소박한 맛 속에 사과 향이 퍼지는 풍미가 인상적이죠.
토핑으로 채썬 사과와 블루 치즈를 올려 주는 것이 포인트입니다.
사과의 신선함과 블루 치즈의 감칠맛이 어우러져 빵과 조화를 이룹니다.

재료(3~4인분)

밤※ ······ (과육)300g
양파 ······ 150g
무염 버터 ······ 30g
치킨 부용 ······ 300㎖
우유 ······ 300㎖
베이컨 ······ 적당량
이탈리안 파슬리 ······ 소량
소금 ······ 적당량
백후추 ······ 소량
흑후추 ······ 소량

※ 이 레시피에서는 국산 밤(일본 품종)을 사용했으나 유럽산 깐 밤을 사용해도 좋다.

만드는 법

1. 밤은 껍질을 까서 4등분으로 자른다. 양파는 얇게 썬다.

2. 냄비에 무염 버터를 녹인 후 양파가 투명한 색을 띨 때까지 볶아 준다. 밤도 함께 넣고 볶는다.

3. 2에 치킨 부용을 넣고 뚜껑을 닫은 후 밤이 부드러워질 때까지 중불에서 끓인다. 이 단계에서 토핑으로 쓸 밤을 적당량 꺼내 둔다. 우유를 부은 다음. 한 번 끓어 오르면 핸드블렌더로 매끄러워질 때까지 휘저은 후 소금, 백후추로 간을 한다.

4. 그릇에 담은 후 얇은 직사각형으로 잘라 소테한 베이컨. 잘게 뜯은 이탈리안 파슬리. 3에서 꺼낸 밤을 굵게 다져 토핑으로 올린다. 굵게 간 흑후추를 뿌려 마무리한다.

France

밤 수프
Soupe de châtaignes

깊은 단맛이 퍼지는 밤 수프는 가을에 잘 어울리는 메뉴입니다.
베이컨의 감칠맛과 흑후추의 향이 더해져 전체적인 맛의 균형이 잡힙니다.
하얀 빵보다 호밀빵이나 통밀빵이 더 잘 어울리며, 구할 수 있다면 밤 가루가 들어간 빵과
함께 즐기는 것을 추천합니다.

재료(2인분)

소고기 넓적다리살(스테이크용)

······ 1장(200g)

루꼴라 ······ 적당량

포도(거봉) ······ 6알

파르미자노 레자노 ······ 적당량

발사믹 식초 ······ 4큰술

E.V.올리브오일 ······ 적당량

소금 ······ 소량

백후추 ······ 소량

흑후추 ······ 소량

만드는 법

1. 소고기 넓적다리살은 상온에 꺼내 놓고 소금과 백후추를 뿌린다.

2. 프라이팬에 E.V.올리브오일을 둘러 가열한 후 중불에서 **1**을 구워 준다. 양쪽 면이 고르게 구워져 갈색빛을 띠면 트레이에 꺼내 둔다.

3. 반으로 자른 포도를 **2**의 프라이팬에서 가볍게 소테해 트레이에 꺼내 둔다.

4. 소스를 만든다. **3**에 발사믹 식초를 넣고 중불에 올린 후 양이 반으로 줄 때까지 졸인다. 소금을 더해 맛을 잡아 준다.

5. **2**를 슬라이스해서 그릇에 담는다. 먹기 편한 크기로 자른 루꼴라를 곁들이고 **3**을 올린 후 **4**를 뿌린다. 필러로 얇게 썬 파르미자노 레자노를 얹고 굵게 간 흑후추를 뿌린다.

Italy

포도와 루꼴라를 곁들인 소고기 탈리아타

Tagliata di manzo con uva e rucola

이탈리아어로 '얇게 자른 것'이라는 뜻을 가진 탈리아타는 풍성한 야채와 함께 즐기는 심플한 요리입니다. 포도 소테와 발사믹 식초를 더하면 프루티함이 가미되어 더욱 담백하게 소고기를 즐길 수 있습니다. 빵 사이에 끼워 샌드위치로 만들어도 맛이 훌륭합니다. 레드 와인과 함께 즐겨 보세요.

재료(2인분)

오리 가슴살(마그레 드 카나르)
····· 1장(300g)
소금, 백후추 ····· 적당량
무염 버터 ····· 10g
오렌지 ····· 1/2개
오렌지 껍질 콩피(p.148 참고)
····· 적당량
크레송(물냉이) ····· 적당량
비가라드 소스
│ 오렌지 주스 ····· 150㎖
│ 퐁드보(송아지 육수) ····· 100㎖
│ 그래뉴당 ····· 30g
│ 레드 와인 비네거 ····· 2큰술
│ 소금, 백후추 ····· 소량
│ 통후추 ····· 5알

만드는 법

1. 비가라드 소스를 만든다. 냄비에 그래뉴당과 레드 와인 비네거를 넣어 불에 올린다. 캐러멜 느낌으로 색깔이 변하면 오렌지 주스를 넣어 묽게 만든다. 굵게 간 흑후추를 뿌린 후 양이 반으로 줄 때까지 졸이고, 퐁드보를 첨가한 후 조금 더 졸인다. 소금, 백후추로 간을 맞춘다.

2. 오리 가슴살 껍질에 격자무늬로 칼집을 내고 상온에 꺼내 둔다. 소금, 백후추를 뿌린 다음, 프라이팬에 껍질이 아래에 가도록 두고 무염 버터를 넣어 약불에서 천천히 구워 준다. 기름이 나오기 시작하면 스푼으로 떠서 고기 전체에 고루 끼얹어 준다. 이 과정을 반복하면서 고기의 표면이 흰빛을 띨 때까지 가열한다. 껍질 전체가 갈색이 되면 뒤집어서 살코기 부분을 약 1분간 더 구워 준다.

3. 식힘망이 있는 트레이에 껍질이 위에 오도록 **2**를 얹고, 160℃로 예열한 오븐에서 약 5분간 굽는다.

4. **3**을 오븐에서 꺼내 포일로 싸서 20분 정도 둔다.

5. 오렌지는 껍질을 벗기고 한쪽씩 떼어낸다(p.23 자르는 법 7 참고).

6. **4**를 슬라이스해서 그릇에 담는다. **1**을 뿌린 후 **5**와 오렌지 껍질 콩피, 크레송을 곁들이고 굵게 간 흑후추를 뿌려 마무리한다.

France

비가라드 소스 오리 소테
Magret de canard sauce bigarade

클래식한 프랑스 요리로, 고기 요리에 과일을 곁들이는 조합의 기본이 담겨 있습니다.
오렌지 주스를 졸여 만드는 비가라드 소스는 그래뉴당을 캐러멜라이즈함으로써
단맛에 쌉쌀함과 감칠맛이 더해지고, 비네거의 신맛과 함께 어우러져
지방이 많은 오리고기의 농후한 맛을 살려 줍니다.

프랑스빵에 넣으면 고급스럽고 특별한
샌드위치가 된다.

France

간 & 과일 테린

Terrine de foie de volaille aux châtaignes et fruits secs

닭 간을 메인으로 한 깊은 맛의 테린. 닭 간과 돼지고기 삼겹살의 균형이 절묘합니다.
밤과 건과일의 단맛과 산미가 포인트가 되어 간 요리를 낯설어하는 분들도 비교적 편하게
즐길 수 있는 메뉴입니다. 손이 많이 가기는 하지만 테린 중에서는 비교적 재료를 구하기 쉽고,
레시피를 따라 만들면 실패 확률도 낮은 편이죠. 빵과 와인이 술술 넘어가는 추천 메뉴입니다.
발사믹 식초를 걸쭉해질 때까지 졸여 소금과 백후추를 살짝 첨가한 소스를 곁들이면 더욱 맛있게
먹을 수 있습니다.

재료(약 0.7ℓ 용량의 테린 몰드 1개 분량)

닭 간 ······ 400g
돼지고기 삼겹살 ······ 200g
양파 ······ 100g
무염 버터 ······ 10g
달걀 ······ 1개
생크림 ······ 50㎖
포트 와인(루비) ······ 1큰술
코냑 ······ 1큰술
소금 ······ 7g
그래뉴당 ······ 한 꼬집
백후추 ······ 0.5g
껍질을 깐 단밤 ······ 10개
건무화과 ······ 4~6개
건자두 ······ 4~6개

만드는 법

1. 닭 간의 불필요한 지방과 힘줄을 제거하고 핏줄, 핏덩어리를 찬물에 씻어 낸다. 15분 정도 얼음물에 담가 핏물을 뺀다.

2. 1을 체에 밭친 후 소금(분량 외)을 살짝 뿌리고 페이퍼 타월로 수분을 제거한다. 트레이에 넣고 포트 와인을 끼얹은 후 냉장고에서 3시간~하룻밤 재워 둔다.

3. 돼지고기 삼겹살을 5mm 두께의 큐브 모양으로 잘라 코냑을 뿌리고 냉장고에서 3시간~하룻밤 재워 둔다.

4. 오븐을 160℃로 예열한다. 양파는 잘게 썰어 색이 날 때까지 버터로 볶은 후 식힌다.

5. 3을 푸드 프로세서에 넣어 가볍게 돌리고 2의 절반, 소금, 그래뉴당, 백후추, 달걀, 4를 추가한 다음, 전체적으로 찰기가 생길 때까지 돌린다. 마지막으로 생크림을 첨가해 한 번 더 돌려 준다.

6. 테린 몰드의 안쪽에 무염 버터(분량 외)를 바르고, 오븐 페이퍼를 깐다. 먼저 5의 1/4 분량을 넣은 다음, 남은 간의 절반을 배열하고 그 옆에 껍질을 깐 단밤을 한 줄로 놓는다.

7. 5의 1/4 분량을 넣고 건무화과를 한 줄로 놓는다. 그 옆에 남은 간을 배열하고 5의 1/4 분량을 넣는다. 가운데에 건자두를 한 줄로 놓고 남은 5의 전부를 흘리듯 넣어 표면을 평평하게 한다.

8. 테린 몰드를 중탕용 트레이에 넣고 뜨거운 물을 충분히 부어 160℃의 오븐에서 75분간 중탕 굽기를 한다. 처음 45분은 뚜껑을 닫고, 이후에는 뚜껑을 열어 굽는다. 중심 온도를 측정해 구워진 정도를 확인한다. 70℃까지 오르지 않으면 조금 더 가열한다.

9. 오븐에서 꺼내 위에 누름돌을 올리고 얼음물을 채운 트레이에 넣은 후 열을 식힌다. 열기가 사라지면 누름돌을 얹은 채로 하룻밤 동안 식혀 준다.

재료(통닭 1마리 분량)

닭(작은 것) …… 1kg
무염 버터 …… 30g
소금 …… 적당량
백후추 …… 소량
크레송(물냉이) …… 한 다발
파스(속 채우기 재료)

| 닭 간 …… 100g
| 양파 …… 50g
| 마늘 …… 1/2편
| 무염 버터 …… 15g
| 바게트 …… 25g
| 껍질을 깐 단밤 …… 50g
| 믹스 넛츠 …… 10g
| 파슬리(잘게 다진 것) …… 1큰술
| 소금 …… 소량
| 백후추 …… 소량

만드는 법

1. 닭을 상온에 꺼내 둔다.

2. 닭 간은 지방을 떼어 내고 한입 크기로 자른 후 찬물로 씻어 준다. 물을 3번 정도 갈아 주고 덩어리진 핏줄이 있으면 제거한다. 간을 볼에 넣고 찬물을 부어 30분 정도 둔 다음 체에 밭치고 소금을 뿌린다. 페이퍼 타월로 물기를 확실히 제거한다.

3. 파스(속 채우기 재료)를 만든다. 마늘과 양파는 잘게 다지고 무염 버터를 녹인 프라이팬에서 볶는다. 양파 색이 투명해지면 **2**를 넣어 같이 볶고 소금, 백후추로 간을 맞춘다. 1cm 두께의 큐브 모양으로 자른 바게트, 껍질을 깐 단밤, 굵게 다진 믹스 넛츠, 파슬리를 넣고 섞는다.

4. 닭의 뱃속에 소금, 백후추를 뿌리고 **3**을 채워 넣고 껍질을 펴 준 후, 이쑤시개나 꼬치로 꿰매듯이 닫는다. 두 다리는 겹실로 단단히 동여맨다. 전체에 소금과 백후추를 문질러 바른다.

5. 프라이팬에 무염 버터를 녹이고 **4**를 굽는다. 표면이 고루 갈색빛을 띠도록 위치를 바꿔 가며 굽는다.

6. **5**를 트레이에 놓고 200℃로 예열한 오븐에서 약 50분간 굽는다. 10~15분마다 오븐에서 꺼내 육즙을 표면에 끼얹어 가며 굽는다. 육즙이 투명해지면 오븐에서 꺼낸다. 따뜻한 장소에 30분 정도 놓아 둔다.

7. **6**을 그릇에 담아 크레송(물냉이)을 곁들여 준다.

단밤과 간을 넣은 치킨 로스트

Poulet rôti farci aux châtaignes et foie de valaille

고소하게 구운 치킨 로스트는 프랑스에서 일 년 내내 맛볼 수 있는 스테디 메뉴입니다.
여기에서는 속을 가득 채우는 방식으로 손님에게 대접해도 손색없는 스타일을 연출해 봅시다.
밤의 달콤함과 간이 잘 어울리며 육즙이 스며든 바게트가 전체를 조화롭게 만들어 줍니다.

07

과일과 빵,
치즈를 함께 즐기는 법

블루 치즈를 넣은
무화과 & 바게트 그라탱

잘 익은 무화과의 농후한 맛은 블루 치즈와 잘 어울립니다. 한입 크기 사이즈로 잘라 바삭하게 구운
바게트 위에 블루 치즈를 곁들인 무화과를 올리고 오븐에 넣어 주세요. 꿀을 섞어 구우면 진득하게
스며들어 빵과 과일, 치즈가 조화를 이룹니다. 애피타이저로도, 디저트로도 훌륭합니다.

재료(1ℓ 용량의 그라탱 그릇 분량)

무화과※ …… 450g
바게트 …… 80g(약 1/3개)
무염 버터 …… 10g
블루 치즈※※ …… 50g
꿀 …… 25g
타임(신선한 것) …… 적당량

※ 이 레시피에서는 무화과 3종을 사용했
   다. 사용 품종: 승정도후인 3개, 블랙미
   션(캘리포니아산 흑무화과) 10개, 청무
   화과 3개.

※※ 이 레시피에서는 고르곤졸라 피칸테
    를 사용했다. 블루 도베르뉴, 푸름 당
    베르 등 마일드한 타입의 블루 치즈가
    적합하다.

만드는 법

1. 바게트는 한입 크기로 자른 후 토스트 오븐에서 전체
적으로 갈색빛이 돌 때까지 굽는다.

2. 내열 용기의 안쪽에 무염 버터를 바르고 **1**을 넣는다.

3. 무화과는 위쪽을 잘라 내고 수직으로 십자 칼집을 낸
다. 작게 자른 블루 치즈를 칼집 사이에 넣고 **2** 위에 배
열한다.

4. 3 위에 타임을 얹고 꿀을 뿌린다. 220℃로 예열한 오
븐에서 약 8분간 굽는다.

5. 바게트와 무화과를 골고루 나눠 담고 취향에 따라 꿀
(분량 외)을 뿌린다.

* 애피타이저로 즐길 때는 꿀을 적게 넣고 생햄(프로슈
  토)을 곁들인 다음, E.V.올리브오일을 뿌려 구워도 좋다.

진득하게 구워진 무화과와 그 풍미
가 스며든 바게트를 스푼으로 떠서
함께 즐긴다. 취향에 따라 바닐라
아이스크림을 곁들여도 좋다.

케이크 모양의
아메리칸 체리 & 카망베르

흰곰팡이 치즈는 다양한 과일과 잘 어울려 신선한 과일은 물론, 잼이나 건과일, 넛츠와 복합적으로
조합해 즐기기 좋습니다. 카망베르의 모양과 볼륨감을 살려 케이크 형태로 만들면 아주 근사하죠.
와인과 함께 즐기기 좋아 파티 메뉴로 추천합니다.

재료(1개 분량)

카망베르(프랑스산)※ ······ 1개(250g)
무염 버터 ······ 20g
아메리칸 체리 ······ 15~20개
프룬잼(p.30 참고)※※ ······ 50g
민트 ······ 소량

※　브리, 쿨로미에 등 다른 종류의 흰곰팡
　　이 치즈를 사용해도 된다.

※※ 취향에 따라 체리잼 같은 다른 붉은색
　　과일잼으로 대체해도 좋다.

만드는 법

1. 무염 버터를 상온에 꺼내 둔다.

2. 카망베르는 가로로 반을 자르고 자른 면에 **1**을 바른다.

3. 아메리칸 체리의 꼭지와 씨를 제거한다. 4개는 반으
로 잘라 토핑용으로 준비해 둔다.

4. **2**의 아래쪽 카망베르 위에 자르지 않은 아메리칸 체
리를 올린다. 체리 사이사이에 프룬잼 30g을 얹고 **2**의
카망베르 위쪽을 포개 손바닥으로 살짝 눌러 밀착시킨다.

5. **4** 위에 남은 프룬잼을 얹고 반으로 자른 아메리칸 체
리를 올린다. 민트를 곁들여 마무리한다.

＊ 딸기나 라즈베리, 포도 등 다른 제철 과일을 써서 응용
　해도 좋다.
＊ 냉장고에서 30분 정도 굳히면 모양이 잡혀 자르기 편
　하다.

케이크처럼 잘라 빵에 얹어 먹는다.
호밀빵이나 시골빵과 잘 어울린다.

치즈 & 과일 테린

흰곰팡이 치즈와 블루 치즈를 조합한 심플한 테린은 사이사이에 들어가 채ㅣ 버터와 토핑으로 올리
과일의 밸런스가 절묘합니다. 건과일에 화이트 와인을 뿌려 촉촉하게 만들어 주면 치즈와
어우러져 근사한 풍미를 자아내죠. 바게트나 시골빵에 듬뿍 발라 와인과 함께 즐겨 주세요.

재료(용량 400㎖ 테린 몰드 분량)

기호에 맞는 흰곰팡이 치즈(여기에서는
브리를 사용) …… 300g
기호에 맞는 블루 치즈(여기에서는 블루
도베르뉴를 사용) …… 120g
무염 버터 …… 60g
꿀 …… 25g
기호에 맞는 건과일※ …… 50g
화이트 와인 …… 2~3큰술
호두(로스팅) …… 적당량

※ 건포도, 건무화과, 건살구, 건사과(p.19
　 참고)를 사용.

만드는 법

1. 건과일은 먹기 편한 크기로 자르고 화이트 와인을 뿌
린 후 냉장고에서 하룻밤 재워 둔다.

2. 상온에 꺼내 놓은 무염 버터와 꿀을 골고루 섞어 준다.

3. 테린 몰드에 슬라이스한 흰곰팡이 치즈의 절반 분량
을 넣고 **2**의 절반을 펴 바른 후, 그 위에 슬라이스한 블
루 치즈를 겹쳐 준다. **2**의 나머지 분량을 펴 바른 다음,
남은 흰곰팡이 치즈를 얹는다.

4. **3** 위에 다진 호두와 **1**을 올린 후 냉장고에서 식혀 굳
힌다.

퐁텐블로
블루베리 콩피튀르

프랑스의 프레시 치즈 프로마쥬 블랑과 생크림으로 만드는 부드러운 디저트인 퐁텐블로는
과일과 조합하면 그 신맛과 단맛의 밸런스가 탁월해집니다. 맛이 응축된 콩피튀르와
신선한 과일을 더블로 조합하여 빵에 듬뿍 얹어 즐겨 보세요. 여기에서는 프로마쥬 블랑 대신
수분을 뺀 요거트를 이용해 간편하게 만드는 방법을 소개하겠습니다.

재료(3~4인분)

수분을 제거한 플레인 요거트※
⋯⋯ (수분 제거 후)450g
생크림(유지방분 42%) ⋯⋯ 200㎖
그래뉴당 ⋯⋯ 16g
꿀 ⋯⋯ 30g
블루베리잼(p.33 참고) ⋯⋯ 적당량
블루베리 ⋯⋯ 적당량

※ 수분을 제거한 플레인 요거트
　 플레인 요거트를 페이퍼 타월을 깐 체
　 위에 받치고, 체보다 살짝 작은 사이즈
　 의 볼에 체를 올린다. 랩을 씌우고 냉장
　 고에서 하룻밤 동안 물기를 빼 준다. 수
　 분이 빠진 후에는 중량이 절반 정도로
　 준다고 생각하면 된다.

만드는 법

1. 수분을 제거한 플레인 요거트에 꿀을 섞는다.

2. 생크림에 그래뉴당을 첨가해 거품기로 들었을 때 바
로 떨어지지 않고 끝이 부드럽게 휘어질 정도로 거품을
낸다.

3. 1과 2를 잘 섞은 후, 별 모양 깍지를 끼운 짤주머니에
넣는다.

4. 코코트 틀 등 작은 사이즈의 용기에 거즈를 깔고 3을
짜 넣은 후, 냉장고에서 식힌다. 큰 용기에 넣어 한꺼번
에 만든 다음 나눠도 된다.

5. 4에 블루베리잼과 블루베리를 곁들인다.

* 그릇에 깐 거즈가 남은 물기를 흡수해 부드러우면서도
제대로 틀이 잡힌 크림이 만들어진다. 과일은 취향에 맞
게 고른다. 라즈베리나 딸기 같은 베리류, 살구나 프룬
처럼 달콤새콤함의 밸런스가 좋은 과일이 잘 어울린다.

버터와 달걀이 듬뿍 들어간 리치한
브리오슈와 함께 먹는 것을 추천한
다. 호화로운 맛의 디저트로는 물론,
주말의 아침 식사로도 그만이다. 브
리오슈는 살짝 구워도 맛있다. 크루
아상과도 잘 어울린다.

치즈와 과일이 들어간
빵 슈프리즈

빵 슈프리즈(Pain Surprise)는 '서프라이즈 빵'이라는 뜻의 프랑스어입니다.
커다란 빵을 도려내 안을 샌드위치로 만드는 것이 일반적이지만, 여기에서는 빵을
가로로 슬라이스하고 치즈와 과일을 켜켜이 쌓아 케이크처럼 만들어 보았습니다.
치즈와 빵의 일체감이 돋보이는 색다른 맛입니다.

재료(1개 분량)

빵 드 깜빠뉴 …… 1개(220g)
크림치즈 버터※ …… 40g
감말랭이(p.19 참고) …… 60g
믹스 넛츠(로스팅) …… 50g
건자두 …… 80g

※ 크림치즈 버터(만들기 좋은 양)
크림치즈 200g과 무염 버터 170g을 상
온에 꺼내 두고 꿀 20g, 소금 한 꼬집을
넣어 잘 섞어 준다.

만드는 법

1. 빵 드 깜빠뉴는 가로로 4등분해 슬라이스한다.

2. 1의 아래층부터 재료를 끼워 넣는다. 먼저 크림치즈
버터의 1/6 분량을 제일 아래 빵에 바르고 감말랭이를
올린 후 크림치즈 버터의 1/6을 바른 다른 빵으로 포갠
다. 크림치즈 버터와 감말랭이가 잘 어우러지도록 위에
서 눌러 준다.

3. 2 위에 크림치즈 버터 1/6을 바르고 믹스 넛츠를 올
린 후 크림치즈 버터의 1/6을 바른 다른 빵을 포개 위에
서 눌러 준다.

4. 3 위에 크림치즈 버터 1/6을 바르고 건자두를 배열한
후, 나머지 크림치즈 버터를 바른 마지막 빵을 포갠다.
안정적으로 밀착되도록 위에서 잘 눌러 준 다음, 랩으로
싸 냉장고에서 1시간 정도 식혀 고정시킨다.

5. 먹기 편한 크기로 자른 후 기호에 따라 꿀(분량 외)을
뿌린다.

건과일과 넛츠는 취향에 따라 자유롭게
응용해 조합할 수 있다. 건과일은 미리 와
인이나 럼주에 절여 두었다가 써도 좋다.

홈메이드 과일 샌드위치

1판 1쇄 발행 2021년 5월 17일

저   자 | 나가타 유이
발 행 인 | 김길수
발 행 처 | ㈜영진닷컴
주   소 | (우)08507 서울특별시 금천구 가산디지털1로 128
　　　　　 STX-V 타워 4층 401호
등   록 | 2007. 4. 27. 제16-4189

©2021. ㈜영진닷컴

ISBN | 978-89-314-6343-9

영진닷컴 단행본 도서

영진닷컴에서는 눈과 입이 즐거워지는 요리 분야의 도서,
평범한 일상에 소소한 행복을 주는 취미 분야의 도서,
감각적이고 트렌디한 예술 분야의 도서를 출간하고 있습니다.

> 요리 <

치즈메이커

모건 맥글린 | 24,000원
224쪽

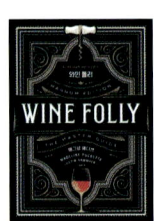

와인 폴리
: 매그넘 에디션

Madeline Puckette, Justin Hammack
30,000원 | 320쪽

맥주 스타일 사전
2nd Edition

김만제 | 25,000원
456쪽

황지희의 황금 레시피

황지희 | 13,000원
216쪽

> 취미 <

기분이 좋아지는
오늘의 입욕제

소크아트 | 16,000원
208쪽

손흥민
월드와이드 팬북

에이드리안 베즐리 | 12,000원
64쪽

라탄으로 만드는
감성 소품

김수현 | 17,000원
268쪽

사부작 사부작
에뚜알의 핸드메이드

에뚜알 | 13,000원
144쪽

> 예술 <

러블리 소녀
컬러링 북 with 비비노스

비비노스 | 15,000원
152쪽

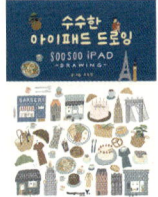

수수한
아이패드 드로잉

수수진 | 17,000원
192쪽

그림 속 여자가
말하다

이정아 | 17,000원
344쪽

예술가들이 사랑한
컬러의 역사
CHROMATOPIA

데이비드 콜즈 | 23,000원
240쪽